GW01237398

AQUARIUS

AQUARIUS

AQUARIUS

AQUARIUS

Vision

一些人物，
一些視野，
一些觀點，
與一個全新的遠景！

諾珠．阿里（Nojoud Ali）& 戴樂芬妮．米努依（Delphine Minoui）一著　黃琪雯一譯

我十歲，離婚

Moi Nojoud, 10 ans, divorcée

他們，都因這位女孩的勇氣而感動！

國內名人推薦

「這是何等殘忍的對待啊？試想，十歲的孩子該做些什麼事？而她，竟為了爭取一點點微薄的自由，必須付出此等代價！這是我們難以想像的處境。然而，諾珠的故事不是為了滿足我們獵奇的心，而是喚起我們為真理堅持到底的勇氣！」

——【作家】**吳淡如**

「十歲的諾珠幫所有受委屈的女孩們爭得生命自主的力量，也告訴世人，靈魂的年齡超過肉

體的表相，千萬別以為年幼就該弱小，每個孩子都該被尊重！」

——【富邦文教基金會執行董事】**陳藹玲**

國際名人推薦

「諾珠是我所見過最偉大的女性之一，她用無比的勇氣，在世人面前樹立最佳的典範！」

——【美國國務卿】**希拉蕊・柯林頓**

「這本書讓我屏息，讓我心碎，也洗亮了我的眼睛！諾珠拯救自己一生的過程，固然是個奇蹟，但對於全天下受壓迫的脆弱心靈，絕對是一個莫大的鼓舞！只有你，才能拯救自己！」

——**卡洛琳・傑索**，《逃離》作者

「實在很難想像那是何等的慘無人道，何等難以突破的禁錮！然而這個女孩，她勇敢站出來

了，她叫『諾珠・阿里』。」

——**紀思道**，《紐約時報》著名專欄作家

「諾珠和其她同樣被以商品販賣的女孩，都期待被聽見。這絕對是一本重要的作品，揭穿了那個陰暗角落的醜行，也為許多在強權下喪失童年的孩子指引出一道光。」

——**瑪莉娜・奈梅特**，《德黑蘭的囚徒》作者

國際媒體推薦

「一部值得世人喝采的勇氣之書！」

——《**紐約時報**》

「在重重藩籬阻隔之下的回教世界，十歲諾珠的膽量與撼動世人之舉，相當值得佩服。她的故事是我們每個人都需要的力量。」

——《**出版家週刊**》

「諾珠的故事讓人久久無法言語。十歲，還只是個孩子，該是羽翼未豐需要被保護的年紀，但她卻遭受最慘無人道的對待，必須為了自我出面對抗強大的父權力量與回教社會。她的勇氣與膽識令人佩服！」

——**《好書情報》**

「一個引爆國際觀注的真實事件！卻也揭穿了深埋在回教國家暗處，無人敢於反抗的醜行！」

——**《時人雜誌》**

「一個無畏懼強權、令人佩服的勇氣女性表徵！」

——**《紐約客雜誌》**

【推薦序】

他們的故事，也是我們的故事

《中東現場》作者／張翠容

近年不斷出現有關伊斯蘭婦女站出來的著作，並同時揭露女性在一些傳統伊斯蘭家庭中所面對的難題，甚至有不合乎人道的對待。而本書《我十歲，離婚》便是其中的代表作。

該書作者戴樂芬妮．米努依是法國《費加洛報》長駐中東地區的記者，之前她亦曾撰寫過關於伊朗女性的《德黑蘭的珠雞》。作為女記者，對採訪地區的女性較為敏感，屬人之常情，更何況所採訪的，乃是一個與我們文化背景截然不同的伊斯蘭世界。

記得我在二〇〇一年第一次踏足阿富汗，也有強烈的文化震盪。當時的阿富汗仍在鞭韃（神學士）基本教義的統治下，所有婦女外出時，必須要穿上罩袍（Burka），她們尤如鬼魅飄蕩於街頭上。對記者而言，這是個好題材。與我一起採訪的法國和義大利女記者，回家後揮筆疾書，鞭韃塔利班製造罩袍虐待婦女（其實罩袍不是塔利班發明的）。

不久，美國發生「九一一」事件，美國攻打阿富汗，自此世界進入「文明的衝突」。西方的基督教 vs 東方的伊斯蘭教，文明 vs 野蠻、正義 vs 邪惡。阿富汗首當其衝，一時間，塔利班代表了一切野蠻、邪惡等黑暗力量；除罩袍外，他們還會向違規婦女擲石頭、斬手行刑示眾。

踏入二十一世紀，我們突然關注伊斯蘭世界，作為弱勢的伊斯蘭婦女更成為焦點，她們的遭遇正好彰顯伊斯蘭基本教義派的野蠻和邪惡，例如火燒犯「奸淫」的婦女、向她們擲石頭流血致死、剝奪她們讀書工作的權利、強

迫她們遮蔽身體之餘，又視她們為性發洩工具等等。最近，法國政府擬立法不許伊斯蘭婦女穿上一身黑袍，指黑袍令法國國民產生恐懼。

在國際傳媒的合力報導下，伊斯蘭教可算是「體無完膚」。

現在，法國女記者米努依又發現了可憐的諾珠，來自伊斯蘭家庭，只有十歲便遭父親賣給三十多歲的男子。這種不人道的做法，無疑一再加深了大眾對伊斯蘭教那一種不文明的印象。

難道上述一切都是伊斯蘭教的錯？米努依當然不是這個意思。其實，無論在東方或是西方，基督教還是伊斯蘭教，都曾因人性的缺失有過愚昧的經歷。只要翻開中古世紀的一頁基督教歷史，他們如何對待異教徒和婦女？還有形形色色的酷刑，即使沒有強烈宗教信仰的中國封建時代，不也是對婦女做出各種各樣的打壓？什麼女子無才便是德、強迫裹腳、童養媳、浸豬籠……令人不堪回首。

每一處地方、每一個時代、每一種文化，都會由於歷史、傳統、政治、經濟、社會因素，有著不同的發展步伐。把所有野蠻現象都歸咎於伊斯蘭教本身，甚至視伊斯蘭為不文明宗教，都是以偏概全、只見別人眼中的刺卻無法看見自己眼裡的針。

毫無疑問，社會是要向前走的，沒有任何人以任何藉口來剝奪別人的幸福，和矮化別人的價值。每一個歷史時代，都是由勇者指出錯誤並帶頭進行改變，世界才得以往前進。

十歲的諾珠是罕有的勇敢女孩子，她拒絕強加在她身上的厄運，毅然走到法院要求離婚，爭取自己的人權，其事蹟令世界看得目瞪口呆，爭相傳頌，而米努依把諾珠的故事成書，背景是波斯灣的保守伊斯蘭國家葉門，一名纏著阿拉伯頭巾的小女孩，要挑戰一樣頭纏阿拉伯布帽、一身長白袍、高大權威的父親和丈夫，這令我們想起大衛與哥利亞，真是不可思議。

我們應該如何閱讀這一本書呢？如果我們仍然抱著獵奇心態、帶著有色眼鏡去看待這一個發生在阿拉伯地區的故事，只視之為一千零一夜以外的另一個傳奇，那真是枉費了作者和女主人翁的努力。

作者企圖呈現的，並不是伊斯蘭的陰暗面，而是一個女孩如何力求掙脫吃人傳統，走向現代文明的人性事蹟，在人類歷史長河裡的一個驕人浪花，而我們也是這樣走過來的，就好像葉門，在傷痕累累的曠野上也可聽到清麗的聲音，在人類的大家庭迴蕩著。

他們的故事，也是我們的故事。

目錄

【前言】

現代女英雄——諾珠

很久很久以前，有一個充滿神話的奇妙地方。在那裡，一間間的房屋如同流傳著的神話一樣地不可思議，不但形狀如同薑餅，而點綴著的白色細緻線條，正像是一條條的糖霜。那是一個緊鄰著紅海與印度洋，位於阿拉伯半島南端的國家；一個揉合了千年歷史，在峰巒起伏的山脊上有著柴泥小塔的國家。那是一個線香香氣愉悅地飄浮在每個石板路轉角上空的國家。

這個地方，就叫葉門。

不過，在久遠以前，有些權貴人物決定替葉門取一個別稱，叫做「阿拉伯福地」。

因為，葉門是塊充滿幻想之地。這裡曾是莎巴女王統治的王朝。這位擁

有驚人美貌與活力的女王，讓所羅門王神魂顛倒，我們在《可蘭經》與《聖經》裡，都能找到關於她的記載。葉門同時也是個神奇的國度。男人出門時，腰間的彎刀總是驕傲地別在皮帶上，女人則用厚厚的黑面紗遮住了她們的美貌。不僅如此，葉門正位於古老商路之上，商旅行隊帶著香料、肉桂、綢布，花上數星期，甚至是數月之久，風雨無阻，穿越這條商道。據說，其中耐力不好的人，將會永遠回不了家。

要如何描繪葉門呢？首先得想像一塊比希臘、尼泊爾以及敘利亞三國加起來面積略大的土地，而這塊土地南端陷入了亞丁灣。在翻滾的波濤中，遠途航海而來的海盜覬覦著遠從印度、非洲、美洲、歐洲開來的貨船，準備伺機而動。

隨著世紀更迭，無數的侵略者因為抵擋不住誘惑，紛紛起而佔領這個美麗的國度。以弓箭作為武器的衣索比亞人登陸，不過很快就遭到驅逐。接

著是濃眉的波斯人，他們在這裡建築了運河以及城堡，還招募了某些部落以對抗其他侵略者。繼波斯人之後，葡萄牙人也來試試運氣，還在此建立了貿易據點。奧圖曼人隨後接手，佔領了葉門超過百年之久。而後，白皮膚的英國人在南方的亞丁灣停靠；與此同時，土耳其人則在北方停駐。當英國人撤離，便輪到冷血的俄羅斯人展現對南方的意圖。這個國家就如同蛋糕，在貪吃孩童的爭奪下，逐漸分裂成兩半。

權貴人物說，外界對這塊阿拉伯福地總是虎視眈眈的原因，是因為葉門藏有一千零一個寶藏。這裡的石油是其他國家垂涎的目標；蜂蜜跟黃金一樣珍貴；音樂令人陶醉；香料料理隨時任人品嘗，而文物遺跡則吸引了世界各地的考古學家前來考察。

儘管侵略者離開葉門已經好久好久了，但是從他們離開起，這個國家便陷入了一連串的內戰。而這些內戰的原因對於我們的小讀者而言，太過複

雜。直到一九九〇年，南北葉門統一後至今，這個國家仍未能從內戰衝突所留下的傷口中復原，就如同休養中的老病人一樣，失去了方向，並得重新學習行走。不僅如此，這個國家很奇怪，不知是依循什麼規定，讓這麼多的男孩女孩不上學，而是在路上乞討。

葉門這個國家的權力中心是總統，商店門口總會掛著他的鑲框照片。但是在各部落裡，那些戴著纏頭巾的族長才是呼風喚雨的角色。無論是販賣武器、婚姻、嚼卡特葉①，這些族長都想掌握決定權。要是有人不聽他們的話，據說他們會非常非常生氣。另外，在首都沙那的精華區，住著開黑頭車的外國使節，這裡發生的一些爆炸案，則是留著長鬍鬚的虔誠教徒，以阿拉之名策劃發動的。而在每一戶人家裡，發號施令的是父親以及長兄……

一個名叫諾珠的小女孩，十年前就出生在這個既令人讚嘆，卻又衝突不斷的國家。

諾珠個頭小，也不是什麼公主皇后，她只是一個平凡的小女孩，家裡有爸爸媽媽，還有好幾個弟弟妹妹。就像同年齡的小孩一樣，她喜歡玩捉迷藏，也超愛吃巧克力。她喜歡拿彩色筆畫畫，還因為從沒看過海，一直夢想著能夠變得像海龜一樣。當她微笑的時候，左臉頰便浮現一個淺淺的酒窩。

然而，在二〇〇八年的某一個陰冷的夜晚，諾珠的父親竟然宣布，她即將要嫁給一個年紀大她三倍的男人。這個消息，就好像天塌下來壓在她的肩頭，她那慧黠的美麗眼睛立刻溢滿了淚水。幾天之後，她便匆匆出嫁了。最後，這個小女孩鼓起了僅存的勇氣，試著要扭轉自己的厄運……

戴樂芬尼・米努依

①嚼卡特葉是一種自古流傳至今的社會習俗。卡特葉能令人產生欣快感，忘記飢餓與疲累。由於歸類為迷幻藥，因此在許多國家皆視為禁物。在葉門，卡特葉能夠自由買賣，而且是該國農業主要作物。

1 在法院

二〇〇八年四月二日

我頭暈了。眼前出現的這麼多人，是我這輩子從來沒見過的。我就站在通往法院大樓的走道上，看著從四面八方湧來的人群。有的人穿西裝打領帶，腋下夾著一疊泛黃的文件；有的人則是穿著北葉門鄉下才會穿的傳統長袍。然後在這一片混亂中，我聽到一些女人的尖叫和哭喊聲，聽起來不太真實。我很想讀她們的唇，弄清楚她們想說什麼，可是她們一身黑長袍以及成套搭配的黑面紗②，讓她們全身只露出一雙睜大的眼睛，就像即將爆炸的手

②將配戴者的臉完全蓋住，只露出眼部。葉門還有其他波斯灣國家的回教婦女，如沙烏地阿拉伯、巴林、卡達等等，皆會如此配戴。

榴彈。她們看起來簡直氣到發狂，有如房子被龍捲風吹垮那麼嚴重。我仔細聽著她們說話。

從她們的對話中，我只隱約聽到「小孩監護權」、「正義」、「人權」等等，不過我不大清楚這些字詞是什麼意思。一個肩膀很寬、纏頭巾貼著太陽穴的男人在我身旁，他手中的塑膠袋裝滿了文件，大聲說自己是來要回被搶奪的土地。他像隻驚慌失措的兔子跑著。哎呀！還差點把我給撞倒了。

這真是混亂啊！讓我想起阿爸③時常提起的Al-Ql廣場。他說那是失業工人聚集的廣場。那裡的人都很自私，當晨禮結束、第一道陽光升起時，大家便搶起工作。先搶到的人，當天工作便有著落。這些人餓太久了，因此變得鐵石心腸，沒有那個閒情逸致去同情別人。可是，我好希望有人能夠牽起我的手、注意我，就算只有一次也好，能夠聽我說話！事實上，我就如同隱形人一樣，沒人看見我的存在。我太矮了吧，我的身高只到這些人的腰部，而

我也只有十歲而已——或許還不到十歲也說不定？

我曾經幻想過法院的樣子。我以為，那是一個乾淨且安靜的地方，而且在那座大房子裡，善良能與邪惡對抗，世上的一切問題皆能獲得解決。我在鄰居的電視裡看過法院，還有穿著長袍的法官。聽說，就是這些法官能夠幫助有需要的人。所以我得給自己找一個，跟他說我所發生的事情。可是我好累，面紗弄得我又熱又悶。我覺得很丟臉，而且頭好痛。我還有力氣繼續嗎？沒有。有。也許吧。我告訴自己，要回頭也已經太遲了。最困難的部分已經過去了，所以我得往前。

今天早上，當我雙腳踏出爸媽家門時，我告訴自己，在還沒得到想要的

③Aba，阿拉伯語中的「爸爸」。

結果之前，我絕對不再進這道門。那時，正是十點整。

「去買早餐要吃的麵包。」媽媽吩咐我，一邊遞給我一百五十里雅④。

我無意識地繫起我的棕色鬈髮，蓋上黑色紗巾，搭配了一件長大衣，做著葉門女性出門時的裝扮。然後，我渾身顫抖地走了幾公里，搭上第一班行經主要道路的小巴士。這條主要道路可以通往市中心。我一直坐到終點站下了車，按捺住心中的恐懼，第一次獨自搭上了一輛黃色計程車。

我在法院的走道上等了又等。我到底該找誰說話呢？突然，在人群之中，我意外發現有人投來理解的眼光。就在通向這棟灰色水泥建築大門的樓梯附近，有三個穿著塑膠涼鞋的男孩，正仔細地打量著我。他們的雙頰因為灰塵而顯得髒黑，就跟我弟弟一樣。

其中一個男孩拿出一個凹凸不平的老舊磅秤，對我喊著：「十里雅（約

台幣兩元）量一次體重！」

另一個則是晃了晃小提籃問我：「要不要來杯茶解渴？」籃中的玻璃瓶還冒著熱氣。

第三個男孩問：「來杯新鮮的胡蘿蔔汁吧？」他掛上自己最燦爛的笑容，同時攤開了右手，期待能得到一枚硬幣。

不了，謝謝，我不渴，也沒那個心情想知道自己幾公斤！要是他們知道我來這裡的目的，不知道會作何反應……

我現在心好慌亂哦。我又抬起了頭，往身邊經過的大人臉上看。戴著長面紗的女人每個看起來都一模一樣。這些黑色的影子有點可怕，一點都不好看。我到底給自己找了什麼麻煩？啊！我好像看到有個穿白襯衫黑西裝的男人，他

④rial，葉門貨幣單位。一百五十里雅大約等於台幣二十六元；台幣一元約為五點七里雅。

往我這兒走來了。說不定他是法官，或者是律師？好吧，我來試試運氣！

「先生，對不起，我想要見法官！」

他瞧了我一眼，回答我：「法官是嗎？往那兒走，上了樓梯就是了！」然後便消失在人群裡。

我別無選擇，必須去面對。現在，樓梯就在眼前，這是我最後、也是唯一的機會了。我感覺自己很髒，但還是得一步一步地走上樓，好說出自己的故事。隨著越來越接近入口大廳，人群也逐漸增多了，我得穿越這片不停擴大的人海。這路上，我還差點摔了跤，幸好有及時站穩腳步。我因為哭得太多，眼睛相當乾澀。我再也受不了了！最後，當我終於踏上大理石地板時，我感覺自己的雙腳好重好重——我一定要堅持下去。至少是現在。

這裡的牆壁如同醫院的一樣雪白，上頭寫著阿拉伯字母。儘管我努力地想要辨認出這些字的意思，但還是白費心力。我只讀到二年級就被迫停學，

生命也立刻變成了一場惡夢。現在，除了自己的名字之外，我根本不會寫什麼字，怎麼辦？我看到了一群穿著橄欖綠制服、戴著軍帽的人。一定是警察，不然就是軍人。其中一個人身上還斜掛著一把衝鋒槍。

我不禁打了個寒顫。要是他們看到我，會把我抓起來。逃家的小女孩是很要不得的。我發著抖，悄悄地抓住一塊正巧經過的面紗，希望面紗底下的女人能夠注意到我。此時，內心有一個小小的聲音鼓勵著我：「諾珠加油！沒錯，妳還小，但妳也已經是個女人了！就算妳無法接受，妳仍然是一個真正的女人。」

「我有話要跟法官說！」

一對由黑色面紗框住的雙眼，訝異地盯著我。這個女人雖然在我面前，卻沒看見我朝她走去。

「妳說什麼？」

「我有話要跟法官說！」

她是故意裝作聽不懂，就跟其他人一樣，然後就可以很輕易地不理我？

「哪位法官？」

「我有話要跟法官說，就這樣！」

「可是法院裡有很多位法官啊！」

「帶我去見隨便一位吧！」

如果不是我展現出的決心令她閉上了嘴，便是我的刺耳叫聲嚇到她了。

我是一個生活在首都的平凡鄉下女孩，一直以來總是遵從家族男性成員的命令，學著對任何事情都說「好」。但是今天，我決定要學著說「不」！我的身體已經不純潔了，就像是有人偷走了我身體的一部分。但是，沒有人有權力可以阻止我見法官。這是我最後的機會了，我不會輕易放棄。不管這

個驚訝的眼神是如何與大廳的大理石一樣冰冷，或是我的叫聲是如此詭異地迴響，都不會令我就此閉嘴。已經過了中午，我在這迷宮似的法院裡已經無助地遊走了三個多小時。我要見法官！

她開口：「跟我來吧！」示意我跟著她走。

推開門，眼前出現的房間牆上掛著毛氈，地上鋪著一張棕色地毯。裡頭滿滿的都是人。房間底端，有個蓄鬍男人坐在辦公桌前，忙著回答從四面八方群起轟炸他的問題。他就是法官！我終於見到了法官！房內雖然嘈雜，但是卻有股令人安心的氣氛，我覺得自己很安全。在主牆上掛著一幅鑲框照片。我認得照片中的人，那是我們的總統阿里・阿布杜拉・薩利赫。在學校，老師教我們叫他「阿里叔叔」。他已經在位超過三十年了。有人說他是獨裁者，也有人指控他貪污。我不在乎，我來這裡是要見法官，如此而已。

牆邊擺了幾張棕色扶手椅，我跟著其他人一樣坐上椅子。外頭，穆安津[5]宣告晌禮[6]。我瞧著四周，看見了幾張熟悉的臉孔——不如說是雙眼。稍早我在走道上曾遇見過他們。有幾張臉孔詭異地朝向我，啊，終於有人注意到我了！是時候了！我終於放心。我頭靠著頭枕，耐心地等著輪到我。

我對自己說，如果真有神，那麼祂會來拯救我。因為我每天敬拜五次，開齋節[7]時，我也會幫媽媽還有姐姐準備餐點。我還算是個乖孩子，希望神能夠垂憐我……我的腦中快速掠過了一個又一個的朦朧影像：我正在海裡游泳。海面寧靜，接著開始起了波浪。我遠遠地看到了我哥哥法赫斯，可是我卻游不到他的身邊。我叫他，他卻聽不見。於是我大喊著他的名字，然而一陣陣狂風吹得我不住地往後退，而後將我拋向小灣。我努力地讓雙手如螺旋槳般擺動。絕對不能前功盡棄！波浪更為洶湧了，小灣就在眼前，但我卻看不見法赫斯了。救命啊！我不要回卡極，不，我不要回去！

「我能為妳做什麼嗎？」

一個男性的聲音，將我從半夢半醒間拉回了現實。這聲音是如此地溫柔，無須提高音量，便自然引起我的注意。這聲音只是輕輕地說著：「我能為妳做什麼嗎？」……終於有人來救我了。我揉揉眼睛，看見那位鬍子法官就站在我面前。這時候，人群早已散去，而熟悉的眼睛也不見了，整個房間幾乎是空空盪盪的。我沒說話。這個人於是又問了一次：

「妳需要什麼嗎？」

我迫不及待地回答：「我要離婚！」

---

⑤負責從清真寺上頭尖塔宣報祈禱時間者。

⑥回教每天有晨禮、晌禮、晡禮、昏禮、宵禮五次敬拜，晌禮為正午十二時。

⑦慶祝「齋戒月」結束之慶典。

諾珠的塗鴉。

2 卡極

我在卡極出生。在那裡，從來沒有人認為女人有選擇權，一切都是由男人決定。我媽媽休雅在十六歲的時候，甘於嫁給我爸爸阿里・穆罕默德・阿拉戴爾。不過四年後，為了壯大家庭，我爸爸決定娶第二位妻子，而我媽媽也只是乖巧地順從丈夫的意願。同樣的，我也與她一樣，在完全不懂婚姻是什麼的情況下，毫無怨言地接受結婚的安排。在我這種年紀，根本不會有太多意見。

有一天，我天真地問歐媽⑧：「小寶寶是怎麼來的呢？」

⑧omma，阿拉伯語中的「媽媽」。

「等妳長大了就知道！」她揮揮手打發我。

於是我收拾起童稚的好奇心，回到庭園繼續和兄弟姐妹一起玩。我們最喜歡的遊戲是捉迷藏。瓦地拉山谷是玩這遊戲的好地點，我們隨處便可找到躲起來的好地方，比如樹幹、大岩石、時間鑿成的洞穴。

說到這山谷，就在我們國家的北邊，位於海雅省，而我就在這裡出生。每當我們跑得氣喘吁吁，便一頭撲進青草中，享受這個綠色小窩所帶來的溫柔。太陽也過來輕撫我們的臉，讓我們已經是棕褐色的雙頰顏色顯得更深了。一旦休息夠了，我們會鬧著追逐母雞，或是拿小木棍逗驢子玩。

我媽媽總共懷過十六個小孩。她曾默默地承受三次流產所帶來的傷痛。對於她來說，每回懷孕都是一場挑戰。有一個孩子一出生就死了，我還有四個來不及見到的姐姐和哥哥，他們因為缺乏醫藥而死，在這世上停留的時間

分別才兩個月到四年不等⑨。

每到生產時，媽媽總汗流浹背地躺在編織蓆子上，承受著極大的痛楚，哀求真主保佑她的新生兒。就這樣，在家裡生下我和其他兄弟姐妹。

「我生了好久才把妳生下來。大概半夜兩點的時候，我開始陣痛，痛了大半天，而那時還正是夏天，天氣悶熱得要命。妳出生的那一天是星期五，是休假日。」為了滿足我的好奇心，媽媽得時常重述我的出生過程。

就算我是在非休假日出生的，也沒有多大意義。歐媽可從來沒想過要上醫院生孩子。我們所住的村莊就坐落在山谷深處，離所有醫療機構都實在太遠了，而且，整個村子一共也才五間石頭房屋，沒有所謂的當地主管機關，也沒有雜貨店、修車廠、理髮店，甚至連清真寺都沒有！要到那些地方，就

⑨葉門的婦女生產死亡率以及兒童死亡率是全世界最高的國家之一。

得騎騾子去。只有幾個大膽的小型載重汽車司機，才敢開上那條沿著溪澗、石子顛簸的道路。不過他們每兩個月就得換一次輪胎就是了，畢竟路況實在糟到不行。所以，你想想，要是歐媽在陣痛開始時，便選擇上醫院去……說不定半路上，孩子就生出來了！歐媽說，就連流動診所也不敢冒險來到卡極！

曾經有一次，當媽媽被我問煩了，忘了把我的出生過程交代完畢，我不死心地繼續問她：「那是誰在家裡幫忙妳生產？」

「幸好妳大姐哈蜜拉在家。你們其他人出生時都是她幫忙的。她拿菜刀幫我把臍帶切斷。她還讓妳洗了人生中的第一個澡，然後用塊布把妳包起來。妳的賈德爺爺幫妳取名諾珠。有人說，那是貝都因⑩名字。」

「歐媽，我是六月還是七月出生的？說不定是八月中出生的，對吧？」

每回一問到這問題，歐媽就會覺得我很討厭。

「諾珠，這些問題妳到底要問到什麼時候！」她總是這樣說，好讓我閉上嘴巴，不再問東問西。

其實，她根本就不知道答案。因為，根本沒有人去登記我的名字和出生日期。在首都以外的地區，沒有身分證明的小寶寶多得是。至於我是哪一年出生的？要想知道，便得用刪去法。我媽媽說我現在應該差不多有十歲了。可是，我也有可能只有八或九歲……當她拗不過我的堅持，便只好算起那很艱深的數學問題。她先試著排出所有孩子的出生順序，並以季節、外祖父母及祖父母過世、某些堂表兄結婚、我們的搬家日期作為判斷原則。這習題真的是好難啊！

⑩貝都因人是阿拉伯人的一分支，分佈在西亞和北非廣闊的沙漠和荒原地帶。「貝都因」為阿拉伯語譯音，意為「荒原上的游牧民」。

她算著算著……就算是雜貨店老闆也不會做這麼複雜的算術。她每一回利用刪去法所得到的結論是：哈蜜拉是老大，而老二穆罕默德是長子，也就是家中的「第二個男人」。當爸爸不在，就由他來決定大小事。再來是神祕兮兮的莫娜和脾氣暴躁的法赫斯。接著是我。排在我後頭的是我最喜歡的哈伊法，她跟我差不多高了。然後是莫哈得、阿布多、阿西爾、哈列德，鬈髮的拉達哈是老么。至於我的「姨母」道拉，她是我爸爸的遠房表親，也是他的第二個太太，生了五個孩子。

「歐媽真的是隻會生蛋的母雞！」每當莫娜故意要鬧歐媽時，總會這樣開她玩笑。「我還記得有好幾次早上醒來時，就發現她的床上多了一個剛出生的小寶寶！她會這樣一直生下去……」

不過歐媽還記得，有天，一個叫做「家庭計畫」的組織登門拜訪。他們開給她吞下去就不會懷孕的藥錠。當她偶爾想到時就會吞一顆。結果一個月

之後，她的肚子還是大了起來。她於是想，這就是命啊。人有的時候還是不能與大自然對抗。

***

卡極這地名可是有緣由的。在阿拉伯語中的意思是「在外面」，換句話說，就是「世界的另一端」。卡極實在太渺小了，所以大部分的地理學家也懶得在地圖上標示出這地方來。簡單地說，卡極大概就在哈雅附近。哈雅可是葉門西北方相當有名的大城市，就在沙那的下方。從我們這個在地圖上找不到的小鎮到首都，至少有四個小時以上的車程都得在瀝青道路以及黃沙、碎石路上度過。

我哥哥弟弟的學校是在山谷中的一個大城裡。他們每天早上得走兩個小

時才到得了學校。我們女孩子不行到學校去。因為我爸爸很會保護我們，他認為女孩子都太脆弱，所以不適合單獨在幾乎是荒郊野外的地方闖蕩。說不定每株仙人掌的後頭就藏著危險。而且，他和媽媽都不識讀寫，所以不認為自己的孩子有必要上學[11]。

所以，大自然是我的學校，我在這學校中看著歐媽操持家務；而當兩個姐姐哈蜜拉和莫娜拋下我，拿著黃色汽油方罐去汲水時，我便會在學校裡氣得跺腳。由於葉門的氣候非常乾燥，因此每天得喝上好幾公升的水以免脫水。從我會走路開始，小河便是我最主要的去處之一。在我家下方幾公里處的那條河流，給了我們很大的方便。河裡的水既乾淨又澄澈，歐媽每天就用這些水洗衣服，還有在飯後洗鍋子。每天早晨，當男人到田野工作時，女人就會來到這裡，在樹蔭下梳洗。暴風雨的日子裡，我們關在家裡躲雨避雷，一旦陽光從雲裡放射出光芒時，我們便急著跑向河流。那時候的河水飽漲，

幾乎要滿到我的脖子那樣高。為了不讓河水溢出來，我的哥哥弟弟總愛堆起小水壩，好讓水流改道。我們都玩得好開心。

當男生放學回到家，他們會撿拾樹枝，給烤爐添火。爐子裡正烤著薄餅麵包。我的姐妹很會做這種薄脆的麵包，有時候，我們會在麵包上淋蜂蜜。大人們都說，蜂蜜是「葉門黃金」。我們這個地區的蜂蜜特別出名。我爸爸也有幾個蜂箱，他總是極為細心地照顧這些蜂箱。歐媽則老愛自顧自地說蜂蜜對身體好，能帶給身體能量。

我們的晚餐總是圍著鋪在地上的桌布吃。當歐媽將熱騰騰的葫蘆巴⑫燉

---

⑪在葉門其他省份，有五成的女性不識字。
⑫中東國家慣用的調味香料。非洲與印度料理亦會添加使用。

紅肉端上，我們便迫不及待地伸出手揉肉丸子和米糰，然後一掃而空。我們有時也會學著爸媽，直接就著盤子吃起來，但是在葉門鄉下，大家吃飯都不用盤子、叉子和刀子。

歐媽偶爾會帶我們到山谷中央區去逛「週六市集」。每一次出發，對我們而言都像是要出一趟遠門。我們通常都騎著驢子到那裡，採購未來幾天所需的生活用品。歐媽出門時戴著的黑色面紗幾乎蓋住了整張臉，而當太陽太大，歐媽還會在面紗頂上再罩上一頂草帽，這讓她看起來就像是朵向日葵。

在山谷裡的生活算是很快樂，日出而作，日入而息，雖然沒有電，也沒有自來水，但是我們過得簡單而平靜。在灌木叢後頭，我們挖了一個洞，四周築起小磚牆，當作廁所。在地上簡單擺著幾個抱枕當作裝飾的客廳，晚上

就成了睡房。在我們家，要從一個房間到另一個房間，得先經過院子。這個院子到了夏天時，由於能夠滿足每個人的需求，所以成了我們主要的活動地點。歐媽會把炊煮用具搬來這裡，搭成一個露天小廚房。她邊以柴火燉蔬菜肉湯，邊餵弟弟妹妹喝母奶。男孩子在這裡複習字母，至於女孩子則是在稻草床上睡午覺。

我爸爸經常不在家。當太陽升起時，他便會起床放牧牲畜。他養了八十隻羊還有四頭牛。有了這四頭牛，我們家就有足夠的牛奶可以製作奶油、優格，還有新鮮乳酪。當他出門去找附近的村民時，一定會在腰帶上繫著他的彎刀。我們國家的男人，身上都會佩著彎刀。有人說，這把純手工磨尖裝飾的刀，在葉門社會是威權、雄性力量以及尊榮的象徵。當爸爸佩帶起彎刀時，的確看起來更有自信了，而且有種獨到的品味，相當引人注目。我真替

我阿爸感到驕傲。不過就我所知，這彎刀並不只是一把拿來炫耀的武器。誰擁有最棒最美的彎刀，就有資格得到大家的敬重。就彎刀本身而言，依刀柄材料是塑膠、象牙，或是貨真價實的犀牛角，價格等級便不相同。我們部落文化規定，禁止使用彎刀作為攻擊對方、或武力防禦的武器。然而，一旦衝突發生時，這把彎刀便可視為仲裁的器具。畢竟，這把刀在部落裡是正義的化身。

我爸爸從來都用不上這把彎刀，直到我們不得不在二十四小時之內逃離村落的那一天……

當「醜聞」爆發時，我大概只有兩、三歲吧。歐媽因為健康出了問題，專程到首都沙那去。而爸爸和其他卡極的村民起了相當嚴重的爭執。至於原因為何，我想應該跟媽媽的健康問題有關，可是細節我想不起來了。從他們

的爭吵中，我一直聽見二姐莫娜的名字。後來，大家決定以部落的規矩解決這個問題。一捆捆的鈔票和彎刀就擺在雙方中間，然而氣氛越來越糟，最後竟然有人拔出了彎刀。村民指控我們家不重視卡極的榮辱，還壞了卡極的名譽。我爸爸簡直都快氣瘋了。

在這群他曾經以為是朋友的人面前，他覺得自己受騙了，還被貶得一文不值。結果，莫娜立刻嫁了出去。那時她剛滿十六歲。到底發生了什麼事？我還小，所以不懂。可是有一天，我自然就會知道。後來，我們匆匆地上路，留下了原本擁有的一切：羊群、牛隻、雞、蜜蜂，還有我對於這個小天堂的回憶。

＊＊＊

來到沙那的日子並不好過。這個首都不但吵，灰塵又多，真的很難適應。

這座向四面八方伸展的都市是不毛之地，與瓦地拉山谷的綠意盎然相比，差別實在太大。在市區裡，傳統的黏土房子，窗戶的白色線條宛如蕾絲，十分漂亮。可是一旦到了市郊，眼前的景致就變成了一堆亂七八糟、毫無特色的水泥建築。那時候的我，剛好跟車子的排氣管一般高，走在路上總會讓柴油廢氣嗆了喉嚨。想要找到大眾公園去活動一下筋骨也不容易，大部分的遊樂場都得付費，只有有錢人才玩得起。

我們住的地方就在阿卡區，是一樓，而且非常簡陋。小小的巷弄裡還堆滿了垃圾。阿爸心情不好，不怎麼說話，也不想吃東西。像他這樣既不認得字，又沒有文憑的人，要如何在這個失業率極高的首都中，餵飽一家大小呢？在我爸爸之前，已經有很多鄉下人到這裡來試試運氣，但他們四處碰

壁。有的人淪落到要妻小去公共場所乞討。我爸爸四處找人幫忙，終於讓他在市政府找到一個掃地的工作，但這份薪水只能勉強拿來付房租。每當我們遲付房租，房東都會生氣，而且語氣很差。歐媽哭了，但沒有人可以讓她不那麼難過。

我們家老四法赫斯在十二歲的時候，就開始像他這年齡的男孩一樣，想要買東買西。每一天，他都跟家裡要錢買糖果、時髦的褲子，還有跟廣告看板裡頭一樣的新鞋子。但是爸爸一個月的薪水，根本買不起一雙漂亮的新鞋子。由於法赫斯的個性既活潑又暴躁，所以他每一次都要得更多，甚至還威脅我爸媽，如果不給他想要的東西，他就要離家出走。然而，就算他有愛慕虛榮的個性，我還是最喜歡這個哥哥，起碼他不會打我，不像大哥穆罕默德自以為了不起。同時，我也欣賞法赫斯的抱負、熱情，而且不在乎別人眼

光，勇於反抗。他總會堅定自己的目標，就算是整個家庭都不支持他也無所謂。有一天，他和爸爸吵了起來，於是離家出走，再也不回來了。

這是我第一次見到阿爸流下眼淚。為了忘記憂傷，他開始和老朋友一起嚼卡特葉，一出門就是大半天，最後害他丟了工作。歐媽開始做惡夢。夜晚時我和其他兄弟姐妹會在主臥房裡，與她一起睡在地上的小床墊。我有好幾次在半夜時被她的哭泣聲給吵醒。看得出來她正受著折磨。

法赫斯只留下一絲曾經存在過的足跡——一張彩色大頭照。穆罕默德將這張照片小心地收在皮夾底。照片裡頭的法赫斯跟他本人非常像：頭伸得筆直，白色纏頭巾蓋住了他的棕色鬈髮——這當然是想要讓自己看起來像大人。他盯著鏡頭看的眼神狡黠，模樣十分調皮。

他在離家兩年後，突然打了一通電話回家。我們終於知道他人還活著。

我聽見話筒裡傳來：「沙烏地阿拉伯……一切都很好……牧羊……我是牧羊人……別擔心我……」

他雖然已經變聲了，可我還是立刻認出是他，感覺得出他更有自信了。沒一會兒，電話那頭傳來劈啪的噪音，然後掛斷了。法赫斯是如何去到那麼遠的地方呢？他到底在哪個城市啊？他是否運氣很好，能夠搭上飛機，穿過那厚厚的白雲呢？沙烏地阿拉伯在哪兒呀？他在的地方有海洋嗎？我的腦中有太多疑惑了。我無意間聽見爸媽和穆罕默德的對話。他們說法赫斯是讓販運兒童集團給帶出去了，而在我們國家，這是普遍現象。這是不是代表法赫斯已經找到養父母了？說不定他過得很幸福，而且還可以買他很想要的糖果以及牛仔褲。啊，我好想念他。

法赫斯不在了，我覺得好空虛，於是沉浸在幻想中。我幻想著海洋！我

好想要跟海龜一樣地潛在海水裡。我從沒看過海。我拿色筆在小筆記簿裡描畫海浪。在我的想像中，海浪是藍色或綠色的。

有一天，我的朋友瑪拉克從我背後瞄了一眼，糾正我說：「海浪是藍色的！」

瑪拉克是我在阿卡區學校認識的朋友。我爸媽後來終於願意讓我上學。我們兩人做什麼事總是在一起。下課時，我們經常會一起玩彈珠。我們班上總共擠了七十個女學生，而我與瑪拉克交情最好。我一年級的成績很好，這時才剛升上二年級。每天早上，她都會到我家找我一起到學校。

「妳怎麼知道？」

瑪拉克回答：「放假的時候，我爸媽帶我去荷台達港玩。那裡看得到海！」

「海水嚐起來是什麼味道啊？」

「鹹鹹的！」

「那沙子呢？也是藍色的嗎？」

「不是，沙子是黃色的！沙子非常柔滑，要是妳也能摸到就好……」

「海裡頭有什麼呢？」

「有船、魚，還有泳客……」

瑪拉克還告訴我，她在那邊學了游泳。我連游泳池都沒去過，她說的一切實在令我嚮往。儘管我試著想搞懂她是如何讓自己浮在水面上，但這仍然像個難解的謎題。我只記得當我們還住在卡極的時候，當我一走近小河，歐媽就會在上頭喊著：

「小心啊！如果妳跌下去，就會沉下去溺死了！」

瑪拉克還跟我說，她媽媽買給她一件彩色的泳衣，而且她還會堆有尖塔、有大樓梯的沙堡，不過當海浪一拍來，沙堡就不見了。有一天，她拿了

從荷台達港撿回來的一個大貝殼貼在我的耳朵上。

「仔細聽，妳就會聽見海的聲音。」

「海浪！我聽見海浪的聲音了！真不可思議啊！」我興奮地叫著。

對我來說，一提起水，我立刻聯想到的是雨水。現在葉門雨下得越來越少了。盛夏時偶爾還會降冰雹，每當冰雹一落下，就是我們最開心的時候了！我和兄弟姐妹總拿著小盆子，爭先恐後地跑到路上去盛這些碎冰塊。而後，我總會驕傲地算著收穫有多少。在學校，我可是學會了從一數到一百呢。當冰塊融化成冰水，我們便灑在臉上消暑。

自從我們搬來沙那，莫娜就變得很愛生氣，不過遇上了這些時候，她偶爾還會開心地和我們一起玩。當我們慌忙離開卡極後過了兩個月，莫娜就搬來沙那和我們一起住，她的丈夫——那個被匆促塞進她生活裡的丈夫，也跟

著過來。

年復一年，莫娜慢慢地找回真心的笑容，還有她那嘲諷的神氣，以及時常惹得歐媽生氣的幽默感。她還生了兩個漂亮的寶寶，一個叫莫妮哈，另一個則叫納瑟。這兩個孩子為她帶來了無比的喜悅，而我們家也與她的婆家開始走得比較近了。為了維繫兩家人的感情，他們因此決定根據「婚姻交換⑬」的習俗，讓我大哥穆罕默德娶我姐夫的妹妹。

可惜好事總是不長久。有一天，莫娜的丈夫消失了，而我的大姐哈蜜拉也跟著不見了。他們會不會跟法赫斯一樣，到沙烏地阿拉伯去賺大錢，然後再帶電子玩具回來給我們呢？或者是一台彩色電視機呢？我們從爸媽的房裡

⑬這個「婚姻交換」的舊習俗，目前仍通行於葉門外省以及貧困階層。主要是將新郎的妹妹送給新娘家的成員當作是聘禮。

經常聽見有人低聲談論這件事情，只不過大人不准我們小孩子發問。他們消失的原因我以後也許會知道，但我記得從那之後，莫娜開始情緒不穩。她大多數時間都是悶悶不樂，但突然之間，她會開開心心地出門去。她的笑容使她顯得漂亮，而且襯得她的棕色大眼睛和細緻的臉部更美了。莫娜真的很迷人。

但是不管她心情好或不好，她總是對我特別溫柔，也很會保護我。就像是天生的母性本能吧。她有時候會帶我到以服飾精品店聞名的海耶街逛逛。我將臉貼上櫥窗，羨慕地看著綴著亮片的晚禮服、紅色裙子，還有紅色、藍色、紫色、黃色、綠色的絲質襯衫……同時還幻想著自己化身成為公主。有的結婚禮服就像是電影裡的華麗戲服，或像是仙女的美妙服飾。好美，真讓人充滿夢想。

沒想到，就在二〇〇八年二月的某個夜晚，當我回到家的時候，阿爸對我說，他有一個好消息要告訴我。

他說：「諾珠，妳就快要結婚了。」

我在法院前留影。在我右手邊的是《葉門時報》記者，哈麥得・塔貝。

3 在法官家

阿布多法官掩不住心中的錯愕：

「妳要離婚？」

「是的！」

「那……妳的意思是指，妳已經結婚了？」

「沒錯！」

他的五官很細緻，身上的白色襯衫映著他的棕色肌膚。但當他一聽完我的回答，臉色變得沉重。他似乎不大能夠相信我說的話。

「像妳這個年紀，怎麼可能已經結婚了？」

「我要離婚！」我不顧他的疑問，只是堅決地重複這句話。

我不知道為什麼，但是當我跟他說話的時候，竟然一滴眼淚也沒落下，彷彿自己已經把所有儲存的眼淚都哭完了。我雖然不安，可是我很清楚自己要的是什麼。沒錯，我要結束這場惡夢。我已經不願再無聲地承受著痛苦。

「可是妳年紀那麼小，又那麼柔弱……」

我看著他，搖了搖頭。他於是不安地搔起了鬍鬚。真希望他願意幫我！畢竟他是法官，權力很大啊。

「那妳為什麼要離婚呢？」他用較為自然的口氣，彷彿試著不讓我看出他的訝異。

我直直地看著他的雙眼說：

「因為我丈夫打我！」

彷彿有人在他臉上打了一記耳光，只見他的表情又凝住了。他這才明白我所發生的事情十分嚴重，而且我沒有理由說謊。他於是開門見山地問我：

「妳還是處女嗎？」

我吞了口口水。這種羞恥的事情講出口很難為情。在我們國家，女人得與陌生男性保持距離，況且，我還是第一次與這位法官見面。然而，我當下理解到，要是我想得到解決的辦法，就得勇往直前。

「不是……我有流血……」

他非常震驚。我突然有種感覺，雖然是我的事情，但崩潰的是他。我明顯地感受到他的驚訝，而且他也試著隱藏情緒。他深呼吸了一下，接著說：

「我會幫妳的！」

其實，向別人坦承自己所發生的事情，讓我感到莫名地安心。我肩頭上頓時輕鬆了起來。我看他手勢激動地講著電話，聽著他和對方交換一些重點，話筒的另一方是他的同事吧。當他說話的時候，手也跟著四處揮動。看來他決心要讓我從惡夢中醒來。願他能夠找到一勞永逸的辦法啊！要是運氣

不錯的話，他會很快很快採取行動……說不定從今晚起，我就可以一直留在家裡，再跟我的兄弟姐妹一起玩，幾個小時之後，我就離婚了。離婚了！我重獲自由了！沒有丈夫，夜晚來臨時，也不用再害怕和那個人在房內獨處。我也不用再擔心得一次又一次地承受同樣的折磨……

但是，我高興得太早。

「孩子，妳知道嗎，這件事情需要花上的時間，可能比妳想像的還要多。妳的案子很棘手，而且很遺憾地，我不能保證妳能夠打贏這場官司。」

第二位法官進來了，讓我的喜悅成了碎片飛散。阿布多告訴我，這位神情尷尬的法官，是法庭檢察官暨審判長，名叫穆罕默德•阿卡吉。阿布多還說，自他擔任法官以來，從沒遇到過像我這樣的案子。兩位法官分別向我解釋，在葉門，女性的合法結婚年齡是十五歲⑭，儘管如此，很多做父母的還

是將不滿十五歲的女兒嫁出去。阿布多法官補上一句：「這是傳統習俗。」只不過，儘管葉門國內有許多女子童婚，然而就他的認知，還未曾有判決離婚的事例……因為在我之前，還沒有任何一個女孩特地去到法院。他們說，這攸關家族榮譽，而我的案例太特別，也很複雜……

阿布多煩憂地告訴我，我該找位律師。

找律師要做什麼？如果說法院沒有辦法當下判決離婚的話，那麼法院又有何用呢？我才不是什麼特別案例呢。法律不就是要幫助別人的嗎？這兩位法官看起來挺和氣的，可是他們知不知道，在沒有得到任何保證的情形之下，要是我一回家，我丈夫便會帶我走，而所有的侮辱責罵又將開始了呢？

⑭一份一九九九年生效之婚姻法修正案，同意父母讓女兒於十五歲前結婚，唯男方不得在女方進入青春期前與她發生關係。然而由於此但書定義模糊，因此各有解讀，幾乎無人遵守。

不，我不要回家。

「我要離婚！」

我皺起眉堅持著。

傳來的回音嚇了我一跳。一定是我說得太大聲了。不過也可能是因為這四面白牆讓房間變成了共振箱，將我的音量放大了。

穆罕默德整了整他的纏頭巾，低聲地說：「我們會找出解決辦法的……我們會找出解決辦法的……」

可是，還有一個令他心煩的問題。此時，時鐘指著下午兩點，那是辦公室關門的時間。今天是星期三，明後天就是伊斯蘭週末了，要等到星期六法院才恢復辦公。我知道他們聽了我的故事之後，很擔心就這麼讓我回家了。

阿卡吉法官說：「不能讓她回家，要是這樣讓她獨自走在路上，誰知道

會發生什麼危險呢？」

阿布多有個主意：不如我先住他家避一避？我所發生的事情仍讓他感到難過，而且他願意努力救我逃離我丈夫的魔掌。不過，他才說完，立刻又覺得不妥。他想起了自己的妻子和孩子到鄉下去了，要幾天後才會回家，所以只有他獨自在家。而根據伊斯蘭教傳統，女人不得與直系親屬以外的男性獨處。

怎麼辦才好？

另一位法官阿布德・瓦得主動表示樂意幫忙。他的家人都在，而且也有空房間接待我。我終於得救了——至少暫時得救了！阿布德比阿布多還胖，同樣也蓄了鬍鬚。橫亙在鼻梁上的鐵框眼鏡讓他看起來十分嚴肅，而身上的法官服裝也令他顯得頗具氣勢。我不敢跟他多說話，然而我還是強迫自己這麼做，畢竟把自己的害羞收藏起來總比回家好……而且，他讓我放心的是，他看起來就是一個會好好照顧小孩的標準爸爸，不像我爸爸……

他的車不但又大又舒適，而且很乾淨。從小風扇吹來的陣陣涼風，搔得我臉癢癢的。真舒服啊。一路上，不知是因為害羞、擔心，還是能夠和這些關心我的大人在一起，我感覺很自在，所以幾乎都沒怎麼開口說話。

最後是阿布德．瓦得打破沉默：

「妳真是個勇敢的孩子！妳很棒！別擔心，妳有權利要求離婚。在妳之前，也有很多女孩子有相同的困擾，可是很可惜，她們都不敢開口談這件事……我們會盡力保護妳，也會找出辦法來。我們絕不會讓妳回到妳婆家去。我可以跟妳保證，絕對不會！」

我的嘴角開始上揚。我已經很久沒笑過了。

他又強調：「也許妳自己並不知道，可是妳真的是一個特別的女孩子！」

我臉紅了。

一回到家，阿布德．瓦得立刻向我介紹他的太太與孩子。他的女兒西瑪

大概小我三、四歲，房間裡有許多富拉娃娃。葉門小女孩都夢想著擁有美國的金髮芭比娃娃，而富拉娃娃就是芭比娃娃的中東版。

「好可憐！」

當西瑪的媽媽告訴她，有個壞人打我時，她由衷地這麼說。她皺起了眉頭，學著大人準備要罵人的樣子。見她情感如此豐富，讓我好感動。她掛著把我當姐妹般的親切笑容，要我跟她去玩，接著還牽起了我的手。

四個男孩正看著卡通。在這個家裡頭有兩台彩色電視機呢，真是豪華！

阿布德的妻子薩巴語氣溫柔，親切地對我說：「就把這裡當自己家吧。」

這才是家庭生活啊……我本來還擔心他們覺得我很奇怪，沒想到他們這麼快就接納我了，這種感覺真的很好！我感覺可以跟他們無所不談，不用擔心受到評斷或懲罰。今晚，在客廳，我盤腿而坐。這是我第一次有勇氣訴說出自己的故事……

諾珠的塗鴉。

4 結婚

二〇〇八年二月

我和莫娜每次一到海耶街，老是逛得忘記了時間。有時候，逛到喜歡的商店，我們會將臉湊著櫥窗玻璃看，偶爾還因為貼得太近，眼前出現的霧氣遮住了晚禮服。一件穿在塑膠模特兒身上、凹凸有致的白紗禮服，總是特別吸引著我。這真是貴婦才穿的服裝啊！而且，和路上從頭到腳包著黑布的女人一比，就更顯得亮眼了。

「如果阿拉保佑！當妳結婚的那一天，也會有像這樣的一件白紗。」莫娜對我這麼說。臉上唯一露出的眼睛閃閃發亮。莫娜出門時，都會罩著面紗蓋著臉。

莫娜不大笑。她沒有機會經歷歡欣的婚禮。當時她是倉促出嫁的，而身上穿的只是一件藍色長袍。問她婚姻如何，她也總是支吾其詞。自從她丈夫不告而別，去了我不知道的地方，我就再也沒聽過任何人提起他了。我想他可能到離葉門很遠的地方旅行了，但我也不想多問。莫娜並不喜歡別人問她這件事。她在我耳邊悄悄地告訴我說，她只期望我能夠幸福，而且遇到的丈夫溫柔又令人尊敬。

但我怎樣也沒想到，我的婚禮來得這麼快。

不僅如此，我對於婚禮並沒有什麼清楚的概念。我只知道，那是一場盛大的宴會，還會有很多的禮物、巧克力，當然還有珠寶。一間新的房子，一個新的生活！我幾年前就已經參加過遠房表親的婚禮了。婚禮上有音樂，還

有人跳舞。在場的女性穿著黑色的斗篷，看起來相當高雅。她們臉上的妝容完美，而在美髮師的巧手之下，頭上柔滑的髮絲，看起來就跟洗髮精包裝上的照片一樣。其中比較愛漂亮的，還會在劉海上別著一頂蝴蝶形狀的無邊軟帽。

我記得年輕的新娘手臂和手心滿滿都是用黑娜描繪的花紋，很漂亮！我還對自己說，有朝一日，我的手上也會有黑娜。

這消息來得太過突然了。當阿爸說輪到我的時候，我還搞不清楚狀況。起初，我把結婚這件事情當作是一種解脫，也是一道逃生門。畢竟家裡的生活品質已經變得很糟糕了，而且阿爸丟了市政府的飯碗之後，就再也沒能找到一份正職的工作。每一回，我們都遲繳房租，而房東也不例外地威脅著要將我們轟出去。

為了節省開銷，歐媽每一餐都煮米和燉蔬菜。她也開始教我如何幫著她做家事。我與她一起準備塗滿蔥蒜酸乳的大薄餅，還有可口的蜂蜜甜點。當爸爸一旦拿了一筆足夠的錢回家，她就會要哥哥或弟弟去買一隻雞，然後這隻雞就是星期五，也就是聚禮日⑮時的佳餚。我們不敢奢望能吃到紅肉，因為太貴了。

我還記得上一回吃燉牛肉的情景，當時我的表親為了慶祝開齋節，邀請我們吃飯。那是我生平第一次上餐廳。除了牛肉之外，我們還喝到了「渴樂」，那是一種從美國來的黑色氣體飲料。離開餐廳時，服務生在大家的手上噴香水，連我這個小孩子也有呢。聞起來真香！

歐媽也教我做薄脆麵包。當我在揉著麵糰時，她替方桌火盆生火。我將麵糰攤平成滿月的形狀，接著再將這糰滿月貼於火盆壁上。然而有一天，她還是將這火盆拿到黑市去換了幾張鈔票。每一次家裡缺錢的時候，她就拿一

些日常用品去賣。事實上，她已經認了，知道不能再依靠我爸爸。

等到家裡終於沒有東西可以賣了，大家也因為缺錢而有一餐沒一餐，我的兄弟也學著其他小孩子，在馬路上叫賣東西。當車子遇上紅燈一停，他們就貼上擋風玻璃，敲著車窗，希望能夠用一條口香糖或是一盒面紙換得幾里雅。

最後連莫娜也加入了他們的行列。只不過她與警察犯沖，才第一天就讓警察給抓了，而且還把她送到某個中心去。那裡專門收容做傻事的人。幾天之後，她回到家便告訴我們，她和一些遭指控同時和多位男人來往的女人關在一起，而女管理員還會扯她們的頭髮。當她的心情平復了，便繼續到路上去要錢，結果又再一次碰上了警察。關了第二回之後，莫娜決定放棄這種風

⑮伊斯蘭教定星期五為祈禱日，要求信徒於此日參加集體禮拜。

險極高的小零工。結果，就換成了我和哈伊法得接著做。我和哈伊法手牽著手，有時我們低垂著眼，不敢看著駕駛，只是以指甲摳著車窗，但他們對我們幾乎都視而不見。我不喜歡這樣子，可是我沒得選擇。

阿爸早上如果沒怎麼賴床，就會出門跟其他失業者一起蹲在我們這一區的某個廣場，等著拿下當天的打零工機會，諸如工人、水泥匠，什麼都做來換取一千里雅（約台幣一百七十五元）。下午時，他越來越固定在鄰居家嚼卡特葉。他說，這能讓他忘記不愉快的事情。他嚼卡特葉已經有一套規矩。當他和住在同區的幾個男人在一起時，只見他盤腿坐著，從小塑膠袋中掏出他最好的綠色葉子，然後塞進嘴中一角。隨著袋子逐漸變空，他的臉頰也越來越鼓，嘴中的葉子也逐漸和成了球狀，接著他就花上好幾個小時不停地嚼著這團球。

就是在某次嚼卡特葉的聚會中，一個大約三十多歲的男人走到我爸爸身邊說：「我希望我們兩家可以結為親戚。」

這個人名叫法爾茲・阿里・泰莫，職業是送貨員，總是騎著摩托車四處運送包裹。他和我們一樣，都是卡極出身，想要討個老婆。我爸爸當下就答應了。由於我上頭的兩個姐姐哈蜜拉和莫娜都嫁人了，想當然耳，這次就輪到我了。當他回到了家，心裡頭早已經有了決定，任何人都無法改變。

當晚，我無意間聽見我爸爸和莫娜的談話。

莫娜說：「諾珠太年輕了，還不能嫁人。」

爸爸反駁：「什麼叫太年輕？阿依莎才九歲就嫁給先知穆罕默德。」

「是沒錯，可是那是先知的時代啊，和現在不一樣。」

「妳聽好，這是保護諾珠最好的方法！」

「這話是什麼意思呢？」

「妳明知故問！這是讓她不要像妳和哈蜜拉，又惹出同樣的麻煩……把她嫁了，她就不會被陌生人拐走，也不會成為流言的話柄……這個男人至少看起來挺老實的，而且街坊鄰居也認識他，又和我們一樣都是卡極來的。而且，他答應我，在諾珠長大之前，絕不會碰她。」

「可是……」

「我已經決定了！何況妳也知道，家裡已經沒有足夠的錢養活一家大小。這樣子做的話，起碼可以少一張嘴吃飯……」

媽媽沉默不語。她雖然看起來悲傷，但卻也有理當如此的神態。畢竟就如同絕大多數的葉門女人，她的婚姻也是長輩安排的。所以她當然清楚在我們國家，下決定的是男人，服從的是女人，因此，就算想袒護我，也是沒有用的。

我的腦海裡還迴響著爸爸所說的話，「少一張嘴吃飯……」這麼說來，爸爸是把我當成了負擔嗎？所以一逮到機會就想甩掉我？沒錯，我並不是個他一直想要的乖女兒，可是，小孩子不都會闖禍嗎？而我，我不在乎他身上有卡特葉的臭味，也不在乎他要我們到街上去要飯，我就是愛他。

「像妳和哈蜜拉，又惹出同樣的麻煩……」爸爸這麼說是什麼意思呢？我唯一知道的是，過了一個禮拜又一個禮拜，接著又好幾個禮拜，哈蜜拉都沒有出現。就跟莫娜的丈夫一樣，突然就消失了。我已經放棄計算她離開我的日子總共有幾天了。她以前時常回來看我們，就這樣不回來了。我喜歡哈蜜拉，她的個性謹慎不多話，可是她很善良又體貼，有時還會買糖果給我吃。

莫娜的丈夫也是，他自從神祕失蹤後，就再也沒現身了。他到底去了哪裡？大人的事情對我而言實在是太複雜了。

在莫娜的丈夫消失的這段期間，莫娜的婆婆向她要兩個孫子的監護權。當時莫妮哈三歲，而納瑟才一歲半。莫娜的心都快碎了，她拚了命似地想要留住兩個小孩，最後，她只成功了一半。在她的堅持之下，留下了納瑟，理由是他需要喝母奶。莫娜時時恐懼著再次失去孩子，於是從不讓納瑟離開她視線半步。當他稍微跑遠，她便立刻追上並緊緊擁住他，彷彿試著要藏起一份寶物。

一連串的婚禮預備工作緊鑼密鼓地進行，我也很快地瞭解到自己所遇上的厄運。在我未來夫家的堅持之下，婚禮的前一個月我就不能再到學校去了。懷著沉重的心情，我吻別了瑪拉克，跟她保證自己很快就會再回到學校。

她緊緊地抱著我，低語著：「有一天我們要一起去海邊。」

而我，其實不能夠再與她見面了。

我也不得不和我最喜歡的兩位老師——撒米雅和撒米拉說再見。是她們教會我如何以阿拉伯文從右到左寫出自己的名字：筆劃要怎麼彎曲、怎麼扭動，再勾個小波浪捲，最後還要折起，然後完成我的名字——諾珠！我真的好感謝她們。

《可蘭經》課以及數學課是我所喜歡的科目。在《可蘭經》課堂上，老師訓練我們熟記伊斯蘭教五功：念功——默唸信仰要義「萬神非主，只有真主；穆罕默德是主的使者」；禮功——一日禮拜五次；朝功——至麥加朝覲；課功——捐錢給貧窮者，施予幫助；齋功——在每年九月封齋期間，從破曉到黃昏都不能吃喝。撒米雅說，當我們年紀再大一些，我們也要守齋功。

不過我最喜歡的還是繪畫了。我拿色筆畫著梨子、花朵，以及有藍色屋瓦、綠色百葉窗和紅色煙囪的別墅。我有時也會添上一個穿制服的警衛站在

別墅大門的柵欄前。而別墅的花園裡，除了一定有高大的水果樹之外，正中央還會有一個小水池。

下課時，我們會玩躲貓貓，還一起唱兒歌。我好喜歡學校，對我而言，學校是我的避風港，也是我所擁有的小小幸福。

這時候的我，也不能去附近鄰居家了。他們家有一台收音機，我和妹妹哈伊法總是去那裡聽哈伊法・偉伯和南西・阿加的錄音帶。這兩位漂亮的黎巴嫩女歌手留著一頭長鬈髮，眼睛很漂亮，鼻型完美，而且臉上還化了濃妝。我們總是喜歡模仿她們，學她們搧動著睫毛、擺腰扭臀。我們也挺欣賞一位名叫哈蜜拉・薩德的葉門女歌手。她可是天后！在她的其中一首愛情歌曲中，她唱著：「你真驕傲……你自以為了不起。」

在我們家這一帶，擁有電視機的幸運兒少之又少，而我的鄰居家裡就有

一台，電視節目帶給了我許多的幻想。我喜歡的節目有「湯姆與傑瑞」——這是我最愛的卡通，還有「阿南與莉娜」。「阿南與莉娜」是演在遙遠的國度裡，有兩個亞洲人，他們是朋友。這兩個人眼睛都細細小小的，我猜他們是日本人或中國人吧。不過很不可思議的是，他們竟然跟我們一樣都說阿拉伯話，而且一點腔調也沒有！阿南是個勇敢的男孩子，他總是隨時對莉娜伸出援手。有好幾次，壞人將莉娜擄走了，還好阿南從魔掌中順利救出莉娜。我好羨慕莉娜，她真幸運。

阿南讓我想起了一個我這輩子不會忘記的年輕人，他的名字叫艾曼。有一天，當我和朋友走在路上時，一個住在附近的男孩子擋住我們。為了嚇我們，他故意對我們講了一些很難聽的話，聽起來很像是在羞辱我們。看到我們害怕的模樣，他像傻瓜一樣地笑起來了。在這當下，艾曼突然出現。他堵住了這個男孩子，威脅著說：「快滾，要不然我會拿石頭丟你！」

男孩子嚇得跑走了，真是令人鬆了一口氣。這是第一次，也是最後一次有人袒護我。自此之後，艾曼就成了我夢想中的英雄。我對自己說，等我長大了，說不定運氣很好，能夠嫁給像他這樣的丈夫。

＊＊＊

「唷呼唷呼！」

一看見我到了，家族的親戚開始拍手。我的眼裡都是淚水，看不清他們的臉。我身上穿的衣服太大，都長到拖地了。我緩緩地走，就怕絆倒。這件他們匆忙給我套上的長袍，是我未來嫂嫂的衣服，原本的巧克力色都已經洗褪掉一半了。一位親戚將我的頭髮梳攏、繫成的髮髻，重重地壓著我的頭。我甚至連眼線都沒有描。一面小鏡子裡，我與自己的眼神交錯。我快速地看

了一下自己圓鼓鼓的臉頰、平滑的額頭、粉紅的嘴唇、眼頭略微尖細，呈杏仁狀的棕色眼睛。不管我怎麼細看自己的臉，就是找不到半點細紋。我太年輕了。

從我未來的丈夫提出結婚要求算起，到現在才過了兩個星期。根據我們這裡的習俗，結婚慶典在女方家舉行，而且對象只限女性。在我父母小小的房子裡，擠進了差不多四十多位女性親戚。與此同時，男人聚在我的某個叔父家，乘機又嚼起了卡特葉。

婚禮的前兩天，我的婚姻合同就在我不知情也沒有參與的情況下，於男人之間祕密地簽訂完成，就連我的媽媽和姐姐也無權知道合同內容。我爸爸和他的姐夫、我的未來丈夫與他的爸爸和哥哥，這一群男人吃喝都是花我的兄弟特別出門去乞討的錢。傍晚時，我的兄弟透露出部分的合同內容。這場男人的聚會是依部族的嚴格規矩所舉行。由於我爸爸的姐夫是當中唯一識字

的人，所以他便充當公證人，並撰寫了婚姻合同。而我的聘金[16]也決定提高到十五萬里雅（約台幣兩萬六千元）。

夜裡，我聽見爸爸低聲地對媽媽說：「別擔心，他答應我在諾珠的月經來後一年才會碰她。」

我渾身起了寒顫。

喜宴在午餐時舉行，而且很快就結束了，可是對我而言，就像是永遠也不會結束。我沒有穿上白紗禮服，手上也沒有黑娜。也沒有人準備我最愛吃的椰子糖——那甜甜的味道嚐起來就像是幸福的滋味。我坐在房間角落裡，拒絕和其他女性跳舞，因為我慢慢地瞭解到自己的人生將會轉彎，朝黑暗的方向前去。

比較年輕的女人隨性袒露肚臍跳起了肚皮舞，身體上下起伏著，就像是

庸俗的音樂錄影帶裡頭的畫面；而有了年紀的女人手牽著手，跳起了只有鄉下人才會跳的傳統民族舞蹈。在音樂停止而下一段音樂前奏開始之前，她們便過來跟我打招呼。我依照習俗擁抱了她們，可是臉上卻擠不出笑容。

我頂著因為哭太多而浮腫的臉，茫然地坐在客廳角落。我不想跟家人分開，我根本還沒準備好，而且現在已經開始想念起學校，更想念瑪拉克。在喜宴中，我不時發現哈伊法看著我的眼神很悲傷，當我也明白自己會很想念她時，心頭突然一陣恐懼：萬一她也和我有同樣的遭遇，該怎麼辦？

賓客在黃昏時散去。我和衣睡著，身旁有哈伊法陪著。過了一會兒，媽媽整理完客廳便過來和我們在一起。當爸爸從男人聚會回到家時，我們都已

⑯在葉門，聘金具有社會與經濟重要性。其金額是由男女雙方家族男性成員，以討價還價的方式決定。

經睡了。在這未婚女孩的最後一夜當中，我並沒有做夢，也不記得睡得好不好。我只是問著自己，能不能明天醒來發現，一切只是一場惡夢？

到了大約清晨六點，陽光灑滿了整個房間時，媽媽把我叫醒，要我隨她到走道上。就像過去的每個早晨，我們匍伏在真主面前，進行一天當中的第一次禮拜。接著，媽媽端了一碗菜豆洋蔥番茄醬和一杯奶茶給我當早餐吃。門前已經擺放了我的小包袱，但我裝作沒看見，直到車子喇叭聲在房子外頭響起時，我才不得不接受這個充滿未知數的新生活。

媽媽緊緊地摟著我，然後幫我套上一件斗篷和圍上黑色絲巾。我也是最近這幾年，才會在出門時戴上有顏色的面紗。雖然我偶爾還是會忘記戴上，但沒有人會在意。我看著媽媽將手伸進我的包袱裡，拿出一條黑色面紗給我。到這一刻之前，還沒有人強迫過我遮蓋住整張臉。

「從今天起，當妳上街時得戴著這面紗，妳已經是結婚的人了，只有妳丈夫才可以看見妳的臉。這攸關他的名譽，妳得別讓他的名譽受損。」

我難過地點點頭，向媽媽道別。我氣她拋棄了我，卻找不到字眼對她表示我心裡頭的難受。

一輛吉普車在大門口等著。後座上有位矮個子的男人直盯著我瞧。他跟阿爸一樣，身上也穿著白色長袍，唇上還留著小鬍子，散亂的短髮微捲。他有棕色眼睛，臉上還有沒刮乾淨的鬍碴，雙手因為污油而變黑。這個人長得一點都不帥。就是他，法爾茲・阿里・泰莫。選我當妻子的人就是他。說不定這幾年，我們偶爾回卡極去時，我曾經在路上與這個陌生人擦肩而過，只不過我不記得罷了。

他們要我坐上司機後頭的座位。車子裡還有四名女乘客，其中一個就

是我丈夫的嫂嫂。這幾個女人臉上的笑容扭曲不自然，而且似乎並不多話。至於那個陌生人就坐在第二排，他的哥哥則坐在他旁邊。如此一來，這麼長的路程中我就不需要和他大眼瞪小眼了。我於是稍微安心了些。可是，我可以感覺到他的眼光就落在我身上，讓我渾身發冷。他到底是誰？為什麼要娶我？他到底想要對我做什麼？到底什麼是結婚？這些問題，我找不到解答。

當引擎開始轟轟地發動，司機也踩下了油門時，我的眼淚又忍不住地掉了下來，心臟也撲通地跳著。我將臉貼住車窗，視線捨不得從歐媽的身上移開，直到她變成了遠處的一個小點……

一路上，我並沒有開口說話，我只是不住地想找到回家的方法。「逃跑吧！」但隨著車子一直朝北方開、而且離沙那越來越遠，我便知道我逃不掉了。我好想摘掉這個令我快要窒息的面紗。不只是面紗，這趟遠離我父母的

路程、這個和我不認識也討厭的男人在一起的新生活，讓我真的覺得自己還小，甚至太小了，還不該是體驗的時候。車子突然停了下來。

「打開行李廂！」

因為哭得太多，我累得打起了瞌睡。軍人的聲音驚醒了我。我立刻想起往北方的路上設有許多檢查哨，而這只不過是第一個。有人說，那是因為北方不時會有政府軍和哈習思反抗軍對戰。爸爸說哈習思人屬於什葉教派，而大部分的葉門人都是遜尼教派。兩個教派之間有什麼差別？我不知道。我只知道我是穆斯林，而且我每天禮拜五次。

那位軍人眼睛很快地掃了一下車內，便示意要我們繼續開。也許我可以利用這個機會請他幫忙，要他救救我？看他穿著的綠色軍服還有掛在肩上的武器，就表示他的職責是維護治安秩序吧！我可以告訴他，我不想離開沙那，我怕到鄉下去會很無聊，而且在那裡，我一個人也不認識……

我習慣在首都沙那的生活。我喜歡那裡正在建設的大樓、寬敞的道路、手機，還有會刺激喉頭的橘子汽水廣告招牌。而在那裡，污染和塞車自然也成了我生活中的一部分。但我會特別想念舊城區「巴伯艾爾葉門⑰」，那才是真正的城市！

我喜歡拉著莫娜或哈蜜拉的手，在這個神奇的地方四處逛，同時假想自己是個冒險家，正進行著探險任務！在這個遺世獨立的世界裡，泥土房屋的窗戶邊有著白色弧形的裝飾線條。如此細緻的裝飾一定是很久以前，在我還沒出生時，印度建築師特別來這裡打造的作品。這地方是這麼地優雅美麗，讓我忍不住幻想：曾經有位國王與王后在這裡過著幸福快樂的日子。說不定這整片舊城區是他們的領土？

當我們一跨進巴伯艾爾葉門，各種聲音便傳進了耳裡：小販的叫賣聲、

混雜了舊錄音帶的劈啪雜音，以及赤腳乞丐的悲鳴。小巷弄的轉角處，偶爾會有鞋童拉住你的腳，問你需不需要擦鞋子。突然之間，宣告禮拜的聲音蓋過了這片嘈雜。棚子裡有滿滿的孜然、肉桂、丁子香花蕾、堅果以及葡萄乾。我總是喜歡仔細地聞著，辨認出每一種氣味。有時候我會踮起腳尖看看貨攤上有著什麼。架上層層疊疊，一眼根本看不清有什麼物品。銀製彎刀、刺繡披肩、地毯、甜甜圈、黑娜，以及我這年紀女孩子穿的衣服，就這樣雜亂地擺著。

有個下午，我陪著姨母來這裡採買東西，在黑壓壓的人群中迷失了方向。眼前的世界是我前所未見，就像是不真實的存在，但我並不慌張，想要乘機走走看看。我沿著原路走，想要找到姨母，但是很快的，我就發現眼前

---

⑰ Bab Al-Yemen，意思是「葉門之門」。

的小路看上去都是一模一樣。下一條路該往左走，還是往右？我簡直搞不清楚方向，忍不住蹲在路上哭了起來。看樣子，我真的找不到她了。直到過了兩個小時後，才有個認識我姨母的小販發現了我。

姨母抓住我的手，對我說：「諾珠，妳什麼時候才可以不要這樣迷迷糊糊的？」

婚禮的隔天，坐在這部吉普車上，我感覺自己再次迷失了方向。只不過，這一回身邊的世界倒是真實存在著。招呼孩童品嘗熱騰騰甜甜圈的小販，他們親切的眼神，再見了。香料的魔法，再見了。此刻我的人生正往新的方向走，到大人的世界去。在那裡沒有夢，臉孔不會有表情，而且似乎沒有人會關心我。

隨著沙那離我們越來越遠，往卡極的道路看起來逐漸像是一條長長的黑色纏頭巾，在山谷間上下蜿蜒。每一回轉彎，我都得緊緊抓住座位扶手。我的胃扭著讓我感到噁心，有好幾次還得用力捏自己，才不會吐出來。但是我寧願死，也不要求這個人停車好讓我呼吸到新鮮空氣。為了忍耐，我於是輕輕地嚥下口水，試著不發出任何聲音。

我不想在意身邊的人，所以開始觀察起窗外風景的細微處。年代久遠已成廢墟的城堡棲在岬角上；那些棕色飾有白色線條的房屋，令我隱約想起巴伯艾爾葉門；道路一旁有仙人掌；前一秒眼前還是寸草不生的山口，下一秒就見到耕地，上頭還有吃草的羊和牛隻；幾個女人將蓋住臉的絲巾摺起，露出了嘴部。我好像也看見了兩隻被輾死的貓，於是趕緊閉上眼睛，以免在腦袋裡留下印象。

當我重新張開眼睛，車子四周是一片卡特葉海，左邊、右邊都是一望無

際的綠意。好美！真令人感到一陣清新！

司機大嘆著：「卡特葉真是我們國家的悲劇……耗盡了我們國家的水源，讓我們每個人都要渴死了！⑱」

我想，人生的安排真奇怪，連這麼美麗的東西也會成為禍害。原來不只有壞人才會帶來災難……真是難懂……

在我的右邊稍遠處，我看見了可卡班。這個岩石開鑿成的小村莊就坐落在丘陵上。記得我還小的時候，和爸媽曾經過這附近到另一個村莊去慶祝開齋節。有人說可卡班的女人能夠既美麗又苗條，是因為她們每天早上都得花一小時下山到田裡工作，然後再花一小時上山。這麼大的運動量！她們可真有勇氣！一小時上山……一小時下山……一小時上山……

車子引擎發動的轟隆聲響，驚醒了我。我睡了多久呢？而這段時間內，

車子又走了多遠了呢？我不知道。

「一……二……三！」

吉普車後頭有六個男人正貼著後車廂，使勁推著陷進泥濘坑裡的車子。輪胎下揚起的飛塵，讓車身籠罩在一片霧濛濛之中。我們停在一個乾旱荒蕪的鄉村地區，我試著從指標牌認出地名。是亞瓊。看起來，我們偏離了主要道路，開進破敗的碎石路，而後沿著山溝到了深谷，車子就這樣動彈不得了。

「你們最好回頭！不要再走這條路了，因為路況會越來越糟糕。」一個頭圍著紅白布條的村民如此說。

司機回嘴：「可是我們得到卡極去！」

---

⑱今日葉門境內，有三分之二的儲水是用以灌溉卡特葉田。

「哈哈，就憑這輛車？別鬧了！」

「那怎麼辦？」

「最好的方法，就是騎驢子！」

「騎驢子？那車上這幾位女人呢？這就麻煩了……」

「這樣吧，我建議你付費請這位小夥子幫忙。他習慣運送乘客來回卡極。他的車輪胎跑那裡沒有問題，不過實在也因為路況太差，所以每兩個月會換一次。」

於是就這麼決定了。當大人忙著將行李從吉普車搬上另一台車之時，我利用這幾分鐘的時間舒展一下雙腿。我大吸了好幾口氣，盡量讓山裡的新鮮空氣充滿我的肺。我流了好多汗，黑色面紗下的棕色長袍都黏住了皮膚。我掀起了面紗，走近那道山溝，竟然就看到了瓦地拉！從腳下，我遠遠看見了這座故鄉的山谷。沒想到瓦地拉一點都沒有變。我離開卡極時年紀還小，不

知是因為最近幾次陪著父母回到了卡極，所以童年記憶又浮現腦中；還是阿爸的老相簿裡頭令他流淚的泛黃照片，喚醒了我的記憶？

我突然想起我最愛的賈德爺爺。當他前年過世時，我哭得好傷心啊。他總是戴著白色的纏頭巾，而柔細的花白鬍子，與他的深棕色眉毛成了極大的對比。偶爾他會把我抱到他的膝上，然後讓我往後倒下，在幾乎就要落地時再接住我。一待在他的懷裡，我就會感到很安全。以前我總是這樣想：當世界要整個崩塌時，我的賈德爺爺一定會出現在我身邊拯救我。唉，他實在走得太早了……

「諾珠！諾珠！」

我疑惑地轉身。是誰會這樣叫我的名字？這個聲音我沒聽過，而且聲調還很奇怪。這絕對不會是賈德爺爺的聲音。他的聲音，我就算閉上眼睛也認

得出來。

我抬起頭一看，原來是那個人。這是我的陌生丈夫從早晨離開沙那以來，第一次對我開口。他不怎麼看我，只是提醒我該出發了。

我乖乖地走向我們新的交通工具。那是一輛豐田的紅白色載貨卡車，車身全生鏽了。有人扶我到前座坐下。我的座位就在新司機的右邊，身旁坐著的是我那戴著面紗的大姑，其他男人則攀爬上了車斗。同行的還有幾位旅客。

司機提醒著：「你們得抓穩了。等一下會搖晃得很厲害！」

他轉開了卡式錄音機，並將音量調至最大。一段民謠伴著劈啪聲，從跟車身一樣滿是鐵鏽的喇叭傳了出來。歌手胡辛在本地非常出名。伴奏的烏德琴音⑲因為車輪壓過大石頭的顛簸而顫抖。結果，我們並不是搖晃，而是整個人往不同方向跳了起來！跳起來的石頭好幾次還直接打在擋風玻璃上。我

的手死命地抓著門把，祈求能夠毫髮無傷地到達目的地。

司機突然開口：「聽音樂吧！妳就不會那麼不安了！」

其實，我的心裡還有其他令我不安的事情……要是他知道，不曉得會怎麼想。

在胡辛的悲鳴聲中，車子開了一個小時又一個小時，我是該算一算司機總共倒轉了幾次錄音帶。他彷彿讓這音樂給迷倒了，得靠它才有勇氣抵抗大自然的威力。他緊握著方向盤，有如馬上騎士，雙眼直視著前方曲折的道路，迎接著每一個轉彎的挑戰；就好像這條路上的每個轉折陷阱，他已熟記於心。

---

⑲一種歷史悠久、使用於中東和非洲東部與北部的傳統弦樂器，外型近似吉他。

他說：「真主創造的大自然很艱困，幸好祂創造的人類抵抗力更棒！」

我想，好吧，如果他說的是真的，那麼真主一定是遺忘了我。

隨著車子接近了山谷，我喉頭上哽著的焦慮越來越難以忽視。我好累。我的心好痛，而且又渴又餓。為了忘記我的不幸，我的腦子裡早已經玩遍了所有可能或想像不到的遊戲，再也沒有新的點子了。在我們接近瓦地拉山谷時，我的命運逐步變得不明確，而我想要逃跑的希望也完全破滅了。

卡極一點兒也沒變，果然是世界的另一端……好不容易，我們終於到了。撐著歷經幾小時的顛晃而快折斷的背，我一走下車，就立刻認出那五間石頭房屋，還有穿越村莊的小河。蜜蜂還是一樣嗡嗡地採著花蜜，而樹林還是一樣一望無際。孩童拿著黃色汽油方罐到水邊汲水。

在其中一間房屋的大門前，有個婦人在等著我們。我立刻感覺到她正

仔細打量著我。她並不抱我、不親我，也不摸摸我。這正是那個人的媽媽，我的婆婆。她長得又老又醜，皮膚滿是皺摺，活像隻蜥蜴似的。她口中沒了門牙，而其他牙齒則都蛀掉了，還因為抽菸而變黑。一條灰黑色絲巾包住了她的頭髮。她打了個手勢要我進門。屋內陰暗，沒什麼家具，總共有四個房間、一個客廳，還有一間小小的廚房。要上廁所的話，就到屋外的灌木叢後頭去。

我一點也不客氣，大口吞下了那個人的姐妹所準備的米飯和肉，因為從早上離開沙那以後，我什麼東西也沒吃。

吃過飯後，那些大人竟然又聚在一起嚼起了卡特葉！附近接受招待的鄰居也加入這個行列。我蜷縮在角落裡，沉默地看著這群人。令我訝異的是，沒有人因為我年紀小而感到驚訝。我後來才知道在鄉下，和小女孩結婚是十分普遍的現象。所以，對他們來說，我沒有什麼不一樣。部落有句俗語是這

麼說的：「娶妻九歲，幸福永遠。」

大人們聊得正起勁。

我的大姑抱怨著：「沙那的物價太貴了。」

我的婆婆強調：「從現在開始，我要教那個孩子做事。」我的名字，她提也不提，「我希望她帶了嫁妝過來。」

「她可別耍任性了。要讓她知道什麼樣才是真正的女人！」

黃昏時，當客人離開，她們帶我到我的房間去。我記得當時心裡頭感到一陣輕鬆。終於可以脫掉這件棕色長袍！從前夜穿到現在，都發臭了。

當門一關上，我大大地鬆了一口氣，迫不及待地換上從沙那帶來的紅色棉睡衣。這件睡衣散發著家裡的氣味，那是一種帶有烏木[20]薰香的收藏味道，聞起來便令人感到安心。地上擺著的長蓆是我的床，旁邊有一盞老油

燈，在牆壁上映出火苗擺動的光影，那是屋內唯一的照明。我沒熄燈便睡了。

終於可以休息了。

我多麼希望能夠永遠不要醒來。突然，門咿呀地開了，我嚇了一大跳，心想今晚的風可真大。但是我才一張開眼睛，便感覺到一個潮濕又毛茸茸的身體貼了過來。有人吹熄了油燈，而外頭已是黑漆漆的一片。我渾身打哆嗦。是那個人！我一聞到卡特葉與香菸強烈的氣味，立刻認出是他。他聞起來就像是頭野獸！他什麼也沒說便往我身上磨蹭。

我喘著氣，顫抖地對他說：「求求你別過來！」

⑳葉門人經常將烏木樹脂製成線香於小缽中燃燒，可為室內帶來芬芳。

「妳是我的女人！從今天開始，一切由我作主。我們應該要睡在一起。」

我立刻翻起身，準備往外逃。可是要逃到哪兒去？無所謂了！只要逃出這個陷阱就對了！他也跟著站起來。在黑暗中，我察覺一絲微光從半掩的門縫中流進來，那一定是星星與月亮的光芒。於是，我毫不遲疑地往庭院跑去，他緊跟在後頭追著。

我哭喊著：「救命啊！救命啊！」

我的聲音在黑夜裡迴響著，但我就像在對著一個空無人影的地方求救。我上氣不接下氣地往四面跑，先是衝進了第一個遇上的房間，但他也馬上跟著進來了，於是我又立刻往外跑。我頭也不回地奔跑著。

忽然，腳底下有東西絆了我一下，大概是塊碎玻璃吧，我趕忙站穩腳步繼續跑。可是不一會兒，那個人的手就伸過來用力抓著我，硬是把我拖回了

房間裡。然後他用身體把我壓在蓆子上，讓我動彈不得。

「阿瑪！阿瑪！㉑」我呼喊哀求著，只期待能獲得一點女性同理心的憐憫。

沒有回應。我又大喊：

「來人啊！來人啊！」

他脫下身上的白長袍。我蜷縮起身子保護自己，但是他急忙扯我的衣服，要我自己脫下。他先是以粗糙的雙手摸我的身體，接著將嘴唇貼上了我的嘴。他的口氣混合了菸草與洋蔥的味道，真的好臭啊。

「你快滾！否則我會跟我爸爸說！」我呻吟著，同時試著再次掙脫開來。

㉑Amma，阿拉伯語中的「婆婆」。

「隨便妳怎麼跟妳爸爸說。反正他已經簽了婚姻合同。他同意我娶妳。」

「你沒有權利這麼做！」

「諾珠，妳是我的女人！」

「救命啊！救命啊！」

他冷笑：

「我再跟妳說一遍：妳是我的女人。現在，妳得聽我的！懂嗎？」

我突然有種感覺，彷彿自己陷入了一陣暴風中，然後從一場紛亂被拋進了另一場紛亂。閃電劈著我，但我已經毫無抵抗的力氣了。轟隆隆地打雷了，一陣接著一陣。天空垮下來了。

而在此同時，我的身體最深處傳來一陣燒灼的疼痛。我從來沒有過這種感受。儘管我聲嘶力竭地叫喊，卻沒有人前來拯救我。好痛，真的好痛，而

我只能獨自地承受這種痛苦。

「啊！」這是我最後一聲哀嚎。

我想，就是在這個時候，我昏過去了。

莎達與我。

5 莎達

二〇〇八年四月九日

莎達一邊講著手機，一邊在法庭大廳來來回回地走著。

「我們要用盡各種方法，將諾珠從她丈夫的魔掌中救出來！要通知媒體記者，還有女性團體……」

她大聲說著，接著掛斷了電話，俯身向我，然後蹲了下來，好與我一般高。

「諾珠，妳別害怕。我會幫助妳離婚！」

從來沒有人如此關心過我。

莎達是個律師，人家說，她是個有地位的律師。在葉門，她是最有名望

的律師之一，而且專攻女權㉒。我睜大著眼，滿懷崇拜地看著她。她看起來挺溫柔的，聲音的音調有點高。當她話說得很快，就表示她在趕時間。她身上還散發出茉莉花的香味。我第一眼見到她，就很喜歡她，她不像我們家裡的女生一樣戴了面紗——這在葉門可是罕見。她穿了一件精緻的黑色斗篷，頭上繫著一條有顏色的絲巾。她的皮膚煥發光彩，而搽上的唇膏為她增添了貴婦人的氣質，如同電影裡看到的一樣，再加上她的太陽眼鏡，簡直就像是個電影明星，與路上戴著面紗的婦女成了極大的對比！

她以令人安心的手勢輕撫著我的臉，對我說：「跟我在一起，妳什麼都不用怕。」

今天早上，她一認出我，便走到我的身邊。事實上，當週末假期結束之後，有人在法院向她提起我，我的遭遇就令她掛心，她於是取消了其他的約會，並且要法官保證，當我一回到法院，就得通知她。她不惜一切都要見到我。

「不好意思，妳就是要求離婚的那個孩子嗎？」她在通往法庭的天井處叫住我，一開口就問我這個問題。

我回答：「沒錯，就是我。」

「天啊！跟我來，我得跟妳談一談……」

這幾天以來發生了一些事情，讓我仍然暈頭轉向。整個週末[23]，阿布德・瓦得法官與他的妻子以極為親切慷慨的態度招待我，令我受寵若驚。我可以任意玩玩具、吃好吃的菜、沖熱水澡，也有睡前的親撫擁抱。他們讓我

㉒一九九九年，莎達・納瑟因為替阿米娜・阿里・阿布杜拉・提夫辯護而獲得矚目。這位十歲便結婚的女孩被控謀殺親夫。她的死刑判決引發一場葉門前所未有的訴願遊行。二○○五年，政府當局撤銷她的死刑。阿米娜在監獄度過約莫十年的時間，終於重獲自由，然而擔心夫家的報復，因此只能隱姓埋名地活著。

㉓在葉門是星期四和星期五。

擁有一般小孩子可享有的待遇，而且在屋裡時，我可以拋開已婚婦女得戴的面紗。要是在婆家，每回我的面紗滑掉了，婆婆就會硬壓著我的頭把它調正。在這裡，我不用擔心吃棍子，也不用一到睡覺時間便發抖，而且就算房間門有任何細微的動靜，我也不會驚醒。

然而，儘管我得到了這些關愛，我仍然睡得很不好。當我一入睡，總感覺一場風暴正窺伺著，而且，只要我的眼睛閉上太久，那頭野獸就會開門進來……對我而言，這是無盡的恐懼與折磨！阿布德・瓦得法官說這現象很正常，我須留待時間來讓我忘記不愉快的記憶。

當阿布德・瓦得法官於星期六早晨帶我回法院，我就得重新面對現實，但心情上並不容易調適。九點時，我們已經在他的辦公室裡。阿布多法官以及穆罕默德・阿卡吉法官也在。他們兩位看見我走進門，便親切地對我笑，

只不過穆罕默德・阿卡吉顯得十分煩惱。

「根據葉門法律，妳很難對妳的父親與丈夫提出控告。」他對我說。

「為什麼？」

「對妳這個年紀的孩子來說，太複雜了，我不知道要怎麼跟妳解釋。」

他提到幾個問題。比如，就跟大多數的鄉村孩子一樣，我並沒有身分證，也沒有出生證明，而且我還不到可進行法律程序的年紀……對像穆罕默德・阿卡吉這樣有學問的人而言，這些理由並不難理解，然而對我卻不是這樣一回事。但是我應該試著往好的一面思考。我對自己說，至少我遇上了和善的法官，而且他們願意對我伸出援手。畢竟他們沒有義務非得幫我不可，他們大可以跟其他人一樣忽視我的請求，並且建議我回家去盡妻子的義務。事實上，根據葉門傳統，既然簽了婚姻合同，而且家族男性成員也達成共識，那麼這場婚姻就合法。

穆罕默德・阿卡吉對他的同事繼續說：「現在，我們得盡快行動。我建議暫時拘留諾珠的父親和丈夫。如果我們想要保護諾珠的話，讓他們在監獄裡會比較妥當。」

監獄！這不就是很嚴重的懲罰了嗎？阿爸會不會原諒我？突如其來的羞慚以及罪惡感啃咬著我。而且，如果他們要我領著軍人上門去抓他們的話，那會是多麼尷尬的一件事啊！我週末沒回家，家裡的人鐵定以為我和法赫斯一樣離家出走，而且再也不會出現了。我甚至不敢想像，當我的弟妹跟歐媽要早餐麵包吃時，她會是什麼樣的表情！再說，我離開家的前幾天，爸爸生病了，而且還開始咳出血來。如果他被拘留的話，能不能活著回家？要是他死了，那我這輩子將無法原諒自己……

可是我沒得選擇。阿布多對我解釋著說，當好人受苦時，就得讓壞人受到懲罰。因此，我搭上了軍用車。當一行人來到了我家時，大門是鎖著的。

我莫名其妙地鬆了一口氣。幾個小時後，這些軍人還會再來一趟，而我也不用在場了。

當晚，他們安排我住進一個安全的地方。葉門境內沒有接待家庭可暫時安置像我這樣的女孩子。我也不能在阿布德・瓦得法官家一直住下去，他已經對我很好了。

其中一位法官開口問我：「妳跟哪位男性長輩較親？」

跟我親近的男性長輩？我想了一會兒，想到的是修易舅舅。他是歐媽的哥哥，從葉門軍隊退伍下來，長得又高又壯，而且在我家也有一定的威望。他與兩位妻子以及七個小孩住在貝爾波士區，離我家有一大段距離。沒錯，他並沒有反對我的婚姻，可是他在我們家族中具有某種權威，而且他至少不會打女兒。

修易舅舅並不多話，這對我來說反而好。他並沒有對我提出太多的問

題，就讓我跟我的表兄弟姐妹玩。晚上睡覺前，我感謝神不讓修易責怪我的大膽，也不讓他談起我逃家的事情。我其實打從心裡頭覺得，儘管我在他家感到不自在，但是我所發生的事情，也足以使他尷尬。

接下來的三天，對我而言不但漫長而且十分單調。我花了大部分的時間在法院裡，等待奇蹟出現，讓事情有解決的方法，然而情況卻還不明朗。那些法官答應我，要想辦法讓我離婚，可是他們說這事情目前急不得。有趣的是，因為每天都得到這個黑壓壓擠滿人的法院，我現在反倒習慣這片一開始讓我不知所措的人潮。我遠遠地看見了賣熱茶和果汁的少年，至於那個帶著磅秤的少年，他正為那些不趕時間的人量體重，我有時會對他投以鼓勵的微笑。然而，每次回到了法院，我的心總是會揪著。到底還要來回幾次法庭，我才能變回普通的小女孩呢？阿布多曾經說我的案例特殊，那麼，法官大人

會如何處理這樣的特殊案例呢？我不知道。

我想，我在這位戴著太陽眼鏡的美麗律師身上找到了答案。今天早上莎達陪著我走時，從她看我的眼神中，我可以讀出她的情感。她大喊：「天啊！」然後看了一下手錶，翻開了行事曆，那上面的行程排得很滿。只見她在上頭東挪西畫之後，開始忙著撥電話給親朋好友、同事……我聽見她好幾次說著：「我有一個非常非常重要的案件等著處理。」莎達似乎擁有取之不盡的耐性。阿布德・瓦得說得沒錯，她是位不得了的律師。她應該擁有很大的權力，所以手機不停地響，而且走過她身旁的人，都會禮貌地向她打招呼。

她附在我耳邊對我說：「諾珠，妳就像是我的女兒！我不會放棄妳的！」

我開始相信她了，她沒有理由對我說謊。和莎達在一起的感覺很好。當

我在她身旁時，總是感到十分安全。她總能找到適當的話語，而她充滿韻律的聲音也能鼓舞我。因為她，讓我對生命重拾了一些信心。就算這個世界塌了，我知道她也會陪在我身旁。她讓我有生以來第一次感受到母性的溫暖。而這是我那憂心於家庭問題的母親無法、也不知如何給予我的。

這時，一個問題搔得我心癢癢的……

我羞赧地悄聲說：「莎達……」

「什麼事呢？」

「我可以問妳幾個問題嗎？」

「當然可以！」

「妳可以答應我，不會讓我回到我丈夫那裡嗎？」

「阿拉保佑！諾珠，我會盡我一切力量，阻止他再傷害妳。一切都會很好的，沒事的。只不過……」

「不過什麼？」

「妳得要堅強，畢竟這可能得花上一段時間……」

「要多久呢？」

「現在暫時不要去想這些。妳只要記住，最艱難的部分妳已經跨過。所謂最艱難的部分，就是有勇氣逃開。而妳，已經成功做到了！」

我嘆了一口氣。莎達拍拍我的頭，淺淺地一笑。她是這麼高這麼瘦。我好欣賞她。

她接著問：「那我可以問妳問題嗎？」

「可以啊……」

「妳是怎麼有勇氣逃到法院來的呢？」

「有勇氣逃到法院？因為我不能再忍受那個人的惡意虐待了……我受不了了……」

諾珠的塗鴉。

6 逃

在卡極的生活已經變得難以忍受了。羞恥以及疼痛折磨著我，我獨自默默忍受。所有那個人日日夜夜對我做的齷齪事，我能向誰說？其實，從第一晚開始，我便瞭解一切都已經不同了。

「恭喜！恭喜！」

我婆婆拍著我的臉頰喚我起床，雙眼還緊盯著我裸露的小小身軀。我看著她，還是昨天的那個模樣。清晨的陽光灑滿了整個房間，遠方傳來雞啼。我認出她背後站著的人，那是我的大姑，她和我一起搭車來到這裡。此時我渾身是汗，睜大了眼，看見臥房裡已經一片混亂：油燈滾到了門邊、我的棕

色長袍攤在地上，看起來像是粗麻布拖把。那個人，就在這裡，像一隻熊睡在蓆子上。這頭怪獸！皺巴巴的床單上，有一絲血跡……

「恭喜！」大姑又說了一次！

她的嘴角漾起了微笑，盯著那抹紅色瞧。但我什麼都說不出口，彷彿全身癱瘓一樣。我婆婆俯身向我，然後把我像包裹一樣抱起來。她為什麼不早點來？當我需要她救我的時候為什麼不來？總之，現在已經太遲了……除非那個人對我做的噁心事情，她也是共犯……她雙手用力捧著我的肋骨，用腳踢開了門，把我提到浴室去。狹窄的空間裡，有一個小木桶和水桶，然後她開始將水灑到我身上。哎！好冰！

「恭喜！」兩個女人齊聲說著。

她們的話在我疲憊的耳朵裡嗡嗡作響。我感覺自己好微小，無法掌控自己的肢體與動作。而我身體的表面好冷，但是裡頭卻是炙熱的，似乎存在

著一種齷齪的東西。我口好渴，我好生氣，但卻沒辦法表示出來。歐媽，妳已經離我好遠，遠得我無法求妳救我。阿爸，為什麼你要把我嫁出去？為什麼？為什麼是我？又為什麼昨天發生的事情沒有人預先告訴我？我到底做錯了什麼事？

我要回家！

幾個小時後，那個人醒了。我別過頭去，不想與他的眼神交錯。他大嘆了一口氣，吃了早餐後就一整天不見人影。我縮在角落裡，祈求著萬能的真主能夠拯救我。我全身都好痛。一想到要和這頭野獸生活一輩子，我便恐懼不已。這是陷阱！我掉進了陷阱裡了，而且我逃不出來……

我必須盡早適應這裡的生活規矩。我沒有權利踏出家門，也不准到河邊汲水；不能抱怨，也不能說「不」。上學更不用說了。可是我好想好想坐在

課桌椅上，聽老師講課，講新的歷史課程，拿粉筆在大大的黑板上寫下自己的名字。

卡極這個我出生的村莊，現在卻變得好陌生。一整天，我在屋裡頭得聽我婆婆的指令：切菜、餵雞、為路過的訪客準備茶水、拖地、洗碗。不管我怎麼努力刷洗，那些沾滿油污而變得黑漆漆的鍋子，還是無法回復原本的模樣。變灰色的抹布味道很臭，讓我頭暈，我好像看到了灰抹布在我四周轉啊轉。只要我稍稍休息一下，婆婆就會用她油膩膩的手扯著我的頭髮。最後，我全身變得跟廚房一樣黏答答，指甲也黑了。

有一天早上，我問婆婆能不能讓我出去跟同年齡的孩子一起玩。

她破口大罵：「妳又不是來這裡度假！」

「拜託妳……只要幾分鐘就好……」

「想都別想！結婚的女人不可以隨便見人。妳會壞了我們家的名聲。」

這裡可不是沙那！在卡極這裡，任何一舉一動都逃不過大家的眼睛！所以妳最好還是乖乖待在家裡。我跟妳說的這些話，妳可要牢牢記住，要是妳敢忘記，我就會告訴妳丈夫！」

而那個人，總是早晨出門，然後在黃昏前進門。當他一回到家，便坐在桌巾前等著人上菜給他吃，吃完後也從不幫忙收拾碗盤。每一次當我聽見他進門的聲音，就會打從心裡湧起同樣的懼怕……

等到夜晚一來臨，我也知道一切又要開始了。一次又一次……同樣的粗暴、同樣的燒灼感、同樣的疼痛、同樣的悲哀、滾到地上的油燈、凌亂的床單……

「喂，女孩子！」在壓倒我之前，那個人總會這麼粗俗地叫我。

他從沒叫過我的名字。

這是那個人第三天打我了。因為我的抵抗惹惱了他。當燈一熄掉，我便盡力阻擋他在我身旁躺下。所以那個人開始揍我了。一開始是用手，後來改拿棍子。閃電、打雷，從不止息，而那個人的媽媽還會慫恿他。

「打吧!用力一點!她是你的妻子，本來就該聽你的話!」當那個人說我的不對時，她便以粗嘎的聲音重複地喊著這些話。

「喂，女孩子!」他一邊追我，一邊這麼叫喚我。

「你沒有權利這麼做!」我哭叫著。

「我受夠了妳的唉唉叫。我娶妳不是要聽妳整天哭哭啼啼!」他大喊，露出了嘴中的大黃牙。

當那個人用這種口氣跟我說話時，我就感到十分難受。他在大家面前取笑我，用輕蔑的態度對待我。我分分秒秒都擔心著隨時落下的耳光與棍子，

有時候，他甚至用拳頭揍我。每一天，我的背上都會有新的瘀痕，手臂上也有新的傷痕。還有腹部的燒灼感……我覺得自己很骯髒。當鄰居婦人來和我婆婆串門子時，我可以看見她們說著悄悄話，有時還對我指指點點。她們究竟會說什麼？

現在只要有辦法，我便縮在角落裡，心中徬徨驚慌。而當我一想到夜晚即將到來，便怕得牙齒格格打顫。我感到完全的孤獨。我不知能跟誰說心裡的話，也沒有人可以說話。我好恨那個人！我打從心底深深地恨他！這些人都令我感到噁心！是不是所有結婚的女孩，都得承受如此酷刑？或是，受虐的只有我呢？我一點都不愛那個陌生人。我的爸爸媽媽是否彼此相愛呢？跟那個人在一起，我只體會到什麼叫做「殘酷」。

日與夜就這麼樣過去了。到底過了幾天？十天？二十天？三十天？我不大記得了。夜裡我越來越難入睡。每當他對我做了齷齪事，我就睡不著覺了。白天裡，我昏昏沉沉，整個人茫茫然不成樣了，我對於一切都是那樣無能為力，於是連時間感都遺失了。我好想念沙那，我也想念學校和兄弟姐妹的一切：阿布多的危險動作、莫哈得的調皮、莫娜心情好時的笑話、拉達哈的兒歌。我更是越來越想念哈伊法，並希望家裡別把她也給嫁出去。接著，隨著日子流逝，我慢慢地記不清楚他們的臉了。我記不得他們皮膚的顏色、鼻子的形狀、酒窩。該是我回去看他們的時候了！

所以每一個早晨，我都哭求著他們讓我回娘家。我根本沒有辦法與家人聯絡，卡極沒有電力供應，連電話都沒有。不僅如此，天空從沒有飛機飛過，地面也沒有公車與汽車。我大可以給家人寄封信，但是我除了自己的名

字以及幾個簡單的字之外，幾乎什麼都不會寫。我要不惜一切回沙那去。我要回家！

逃吧！這念頭在我腦子裡已經出現了無數次。可是要逃到哪兒？在這村子裡，我誰都不認識，所以很難找到願意收留我的人，也很難求騎驢子的旅人拯救我……我出生的故鄉卡極，竟然變成了一座監牢。

一個早晨，因為聽煩了我的哭聲，那個人准許我回家去看我爸媽。我終於等到了！那個人說會陪我去，並且在他哥哥家等我。但是他堅持，看完了就要回到這裡。我趁那個人改變主意之前，趕忙收拾行李。

回去的路程比來的時候還短。然而，每一回我打起瞌睡，同樣的夢魘般的畫面總會出現，讓我睡得很不安穩：床單上的血跡、我婆婆俯身朝我看的表情、那桶水……我突然驚跳了起來……不！我絕不再回去！絕不！卡極是

世界的另一端。我不願意再踏上那裡的土地！

「妳絕對不准離開妳丈夫！」

回到了沙那，我得到的是爸爸意外以及激烈的反應。突然，與家人團聚的歡樂氣氛消失了。媽媽什麼都沒說，只是伸手朝向天，喃喃說著：

「諾珠，這就是命啊！所有的女人都得經過這一段。我們都是一樣的……」

那她為何什麼都沒告訴我，也不讓我事先有心理準備？現在，我的婚姻已經宣告成立，我遭到陷害，也無法回頭了。儘管我告訴爸媽，夜晚時我是如何地受苦、如何地疼痛、遭到痛打，還有一些我羞於啟齒、既私密又可怕的事情，他們也只是不停地說，和他生活是我的義務。

我堅決說：「我不愛他！他欺負我，還強迫我做一些討厭的事情，讓我

很難受。他對我很不好！」

但爸爸卻重複說著：「諾珠，現在妳既然已經結婚了，就得和丈夫在一起！」

「不要，我不要！我要留在這裡！」

他硬生生地打斷我的話：「不行！」

「求求你……拜託！」

「妳給我聽清楚了，這是名譽問題！」

「可是……」

「妳得聽我的！」

「阿爸，我……」

「要是妳和妳丈夫離婚了，我的兄弟和表哥會殺了我！名譽就是一切！妳懂嗎？」

我不懂，我永遠也不會懂。那個人欺負我，但我的親生家庭卻為他說話。這些都只是因為……怎麼說那個？喔，名譽！他們老是拿出來說的這個詞，到底是什麼意思？我迷惑了。

哈伊法睜圓了雙眼，不瞭解在我身上發生了什麼事。但她看見我滿臉淚水，於是將手伸進了我的手中，讓我握住。這是她表達支持我的方式。我的腦中突然又有個可怕的想法：萬一他們也將哈伊法嫁出去呢？哈伊法，我親愛的漂亮小妹……希望她運氣好，永遠都不會體驗到這種可怕的事情。

而莫娜，有好幾次她試著要替我說話，可是她太羞怯了。反正，也沒有人會聽。在我們這裡，永遠都是那些最年長的人，還有男人的話才算數。可憐的莫娜！我總算知道，一切都得靠我自己的力量，才有辦法逃離這個陷阱。

時間緊迫，我得在那個人來接我之前，找到解決的方法。我硬是向那個人要到了許可，讓我在爸媽家這裡多待一小段時間。可是我還是在原地打轉，看不見前方是否有可行的道路。「諾珠該跟她的丈夫在一起。」我爸爸一直這麼說。當阿爸一走開，我便急著跟媽媽談這件事。但她哭了，說她很想念我，卻又不能幫上什麼忙。

我這麼害怕是有道理的。隔天那個人就上門拜訪，提醒我該盡為人妻的義務。我說我不願意，但完全沒用，直到我表達強烈的堅持之後，才終於得到某種類似「共識」的決定。那個人答應我，可以在沙那多待幾個星期，但前提是，我得跟著他住到他叔叔家，因為他不信任我，怕我在娘家待久了，就會跑掉。於是在一個多月之後，地獄般的生活又重新開始了……

「妳到底要這樣不停地哭到什麼時候？這真的很討厭！」有一天，他怒氣沖沖地瞪著我，掄起了拳頭罵我。

「直到你讓我回我爸媽家的時候！」我掩著臉回答他。

我是如此地固執，所以他又答應讓我回家了。

他警告我：「不過，這是最後一次了。」

當我一回到家，我體認到，如果我要擺脫這個男人以及惡夢，並且永遠不回卡極去的話，就得趕快採取行動。五天過去了。這五天我不停地碰壁，過得很不開心。我爸爸、哥哥還有叔伯，沒有人願意聽我說。

我努力地尋找，想找到願意傾聽我說話的人。最後，我找上了道拉，來到她家門前。道拉是我爸爸的第二個老婆，和五個孩子一起住在一間小公寓的一樓。這棟老舊建築物位在死巷底，就在我們家那條路的另一頭。公寓裡的公共廁所散發出難聞的排泄物臭氣，混合了垃圾腐敗的味道，令人難以忍受。但我太擔心被帶回卡極，於是捏住了鼻子走上樓梯。道拉穿著一身紅黑

長袍，帶著大大的笑容為我開門。

她說：「哈，諾珠！真想不到還能看見妳。歡迎歡迎！」

我喜歡道拉這個人。她有著棕色肌膚，長長的頭髮綁成了辮子。她身材高瘦，長得比歐媽還漂亮。道拉總是很有耐性，從沒罵過我。但是這個可憐的女人命不好，二十歲才結婚，算是嫁得晚，而我爸爸後來根本不願照顧她，她只得學著獨立。她八歲的大兒子雅哈一出生便是殘障，不會走路，需要特別照顧。當他脾氣一發作，有時會連續鬧上好幾個小時。道拉的經濟狀況非常不好，得上街去乞討才付得起八千里雅（約台幣一千四百元）的房租，以及買點麵包餵飽孩子。儘管如此，道拉仍然極為慷慨善良。

她的屋子裡有一張稻草床，佔去了一半的空間。她讓我坐在這床上，而床邊的小爐子水正沸騰著。她年紀還小的孩子，奶瓶裡裝的經常是茶水。掛在牆上的幾個塑膠袋，裝著他們所有的食物，但是少得可憐。

她開口：「諾珠，妳看起來有心事。」

我知道整個家族裡頭，對我的婚姻有異議的人寥寥可數，而她就是其中一個。只不過沒有人會把她的意見當一回事。雖然上天沒給她好運道，但她總是懂得關懷比她更需要幫助的人。我覺得自己可以信任她，什麼都可以跟她說。

我回答：「我有好多話要跟妳說……」

於是，我坦白跟她說了這一切……

她聽著我的故事，皺起了眉頭，看起來很不高興，然後若有所思地走到爐子前，在雅哈唯一沒打破的杯子裡倒進了茶水。她將杯子遞給我，接著靠近我，看著我的眼睛低聲地說：

「諾珠……要是沒有人願意理妳，妳大可以上法庭去！」

「上哪兒去？」

「法庭啊！」

法庭？法庭嗎……對啊，法庭！我腦海裡閃過了幾個影像。我看見了戴著頭巾的法官，還有總是腳步匆匆的律師；穿著白長袍的男人或戴面紗的女人，因為家族複雜的故事、竊盜還有繼承問題，到那裡去控告別人。我記得了！我和哈伊法上鄰居家看電視，有一齣戲劇裡頭就出現了法庭。劇中的演員雖然講的也是阿拉伯話，但是聽起來就和我們不同。我想著那種腔調，記起了那應該是科威特的節目。節目裡的法庭是座大廳，裡頭是白色的牆壁，還有幾排面對著法官的棕色木椅；原告絡繹不絕，還有犯人搭著有鐵窗的小貨車抵達……

道拉又說了一次：「法庭……就我所知，那是唯一有人理妳的地方。妳去求見法官吧。畢竟法官是政府代表，是我們的守護者，他的職責便是保護受害者。」

道拉說服了我。從此刻開始，我腦中的一切都清楚了起來。要是我爸媽不願意幫我的話，那麼，我就自己處理吧。就這麼決定了，我要勇往直前。只要不必再躺上那張蓆子獨自面對那頭野獸的話，我願意上山下海。我緊緊地擁住了道拉，跟她道謝。

「諾珠！」

「嗯？」

「拿去吧，或許用得著。」

她在我的手中塞進了兩百里雅（約台幣三十五元）。雖然不多，但那是她今天早上在附近的路口辛苦要到的錢。

「道拉，謝謝妳！」

隔天一早我醒來時，比平常還來得興奮，這種新的心境也讓我感到訝

異。跟往常一樣，我洗完臉後就祈禱。我拿小鍋子煮沸茶水，不安的感覺讓我不自覺地扭起了手指，焦急地等著媽媽起床。我心裡有個小小的聲音對我說：「諾珠，要強迫自己盡量保持態度自然，別讓人起疑心了。」

不久後，歐媽終於起床，她解下黑色頭巾右邊的結，那裡是她習慣藏零錢的地方。我鬆了一口氣，看來，我的計畫應該有機會成功了。要是她知道的話……

她遞給我一百五十里雅（約台幣二十六元），說：「諾珠，去買麵包當早餐吃。」

「歐媽，好的。」我乖巧地回答。

我拿了錢，穿上大衣並戴上面紗，完全像是已婚婦人的穿著打扮。我輕輕地闔上門。附近的街道仍是空空盪盪。我在第一個路口右轉，這是往附近麵包店的方向。店裡的麵包剛從烤爐中端出時，入口酥脆。我伸長了耳朵，

認出了瓦斯桶商的歌聲，他每天總是騎著腳踏車，後頭拖著小推車，繞遍了整個社區。

在我逐漸接近麵包店時，熱騰騰的薄餅麵包香味撲鼻而來，我也看見幾個住在附近的婦人慢慢聚到烤爐前排隊。但是就在快走近她們時，我決定換另一條路走。我朝本區的大馬路走，就像道拉說的：「妳只要上法院就行了。」

當我走上大馬路時，心裡突然一陣恐懼，害怕被人認出來。要是我叔叔正好經過呢？想到這裡，我不禁打起了寒顫。為了不讓人看見，我於是將面紗放下，蓋住了整張臉，只露出眼睛。離開卡極後，我有千萬個不願意再戴上面紗，然而這時候，這面紗卻變得十分有用。此外，我也怕有人跟蹤，所以只好一直往前走。

我看到巴士沿著人行道排成了一列，而在那家賣塑膠氣球的雜貨店前，

停了一輛黃白色的六人小巴。就是這輛車每天都會開進本區，載運乘客到塔力爾廣場附近的市區。「去吧！如果妳要離婚，就看妳怎麼做了！」我心裡的小聲音鼓勵著我。因此，我跟其他人一樣排著隊。但是我發現，其他跟我同年齡的孩子都有父母陪著，只有我一個是落單的。為了避免被人察覺引來詢問，我趕忙垂下眼睛看著地上，但是總感覺有人盯著我瞧，也害怕有人猜出我要做什麼。我即將進行的計畫似乎全寫在我的臉上，讓我十分恐懼與痛苦。

這時候，司機下了駕駛座，拉開車子的滑門。四周突然起了一陣騷動，幾個婦人互相推擠，爭先恐後地上車搶座位。我也很難為情地跟著做了，只希望在爸媽報警之前，能夠盡速離開這個地方。最後，我選了車子後座的位子，左右是兩個從頭包到腳的豐滿婦人：一個年長，另一個則較年輕。我像是夾在中間的三明治，但這麼一來，路上的人就算透過車窗看進來，也看

不見我。目前的我必須儘可能保持低調。幸好，身旁的兩位乘客都沒對我開口。

在車子轟隆發動引擎時，我的心跳也開始加速。我想到了法赫斯，還有他四年前離家時的勇氣。他都可以了，我為什麼不行？但是，我真的瞭解自己在做什麼嗎？要是我爸爸知道自己的女兒獨自坐上大眾交通工具，會怎麼想呢？我是否正在傷害——如他口中所說的——名譽呢？

車門關了，要改變主意也已經太遲了。我從車窗看出去，看著這個城市的一景一物：早晨塞在車陣中的汽車；建築中的大樓；戴著黑面紗的婦女；手中滿是茉莉花、口香糖、包裝面紙的流動小販。沙那真大，而且人好多！這麼土濛濛的景象，讓人有如置身在迷宮裡。但如果要拿它和遺世獨立的卡極相比，讓我選擇，我絕絕對對會選沙那！

「終點站到了！」司機喊著。

終於到了！當車門一滑開，大街上的噪音便湧入車裡。乘客急忙下車，我也跟著那些婦人一樣，朝司機伸出手，顫抖地將幾枚硬幣的車資遞給他。我不知道法院到底在哪裡，但我也不敢問同車的乘客。心裡的恐慌讓我動也不敢動，我好怕迷路，只能左看右看。紅綠燈號誌故障了，一位警察正忙著在快速的車流當中勉強維持秩序，而駕駛們用力按著喇叭，找到機會便不顧一切地超車。早晨太陽的光芒穿過天空直射而下，我感到頭暈目眩，眨了眨眼之後，發現在這種交通狀況下根本沒辦法穿越馬路。我貼著交通號誌桿，試著要讓自己的心神安定下來，但就在這時候，我的眼光正好落在一輛黃色汽車上。得救了！

有許多計程車從夜晚到白天，從白天到夜晚，不停地載客。這就是其中一輛。在葉門，當一個男孩子只要雙腳能踩得到離合器踏板，那麼他的父親

便會替他買一張駕照，希望他能夠當個小司機，賺錢補貼家用。我也搭過這種計程車，就在我和莫娜要一同到舊城區的時候。

我想，這個司機一定是對沙那的每一處熟到不能再熟。我舉起手招他開過來。我也想到，一個小女孩單獨搭上計程車，這可是要不得的。但是以現在的處境，我已經顧不得別人怎麼說了。

「我要到法院去！」我對司機拋下這句話。他驚訝地盯著我看。

我坐在後座，一路上沉默不語，而司機只是鼓起雙頰、嚼著卡特葉，什麼也沒問。他絕對想不到，我有多麼感激他這麼做，因為他在不知情的狀況下，成了我逃家的沉默共犯。我將右手貼著肚子，瞇著眼悄悄地調整自己的呼吸。

「到了！」

司機拉起煞車，將車子停在柵欄前。柵欄後方是個大庭園，沿著庭園便會到達一棟莊嚴的建築。那就是法院！一名交通警察示意要司機趕快將車子開離，別塞住了通道。我將身上所有的零錢全給了司機之後，連忙下車。經過了這場冒險，我覺得自己一瞬間變得超級勇敢；即使我的行為這麼冒失，也的確被嚇壞了，但我心中滿是勇氣！也許是上天的旨意吧，我的生命將徹頭徹尾地改變！

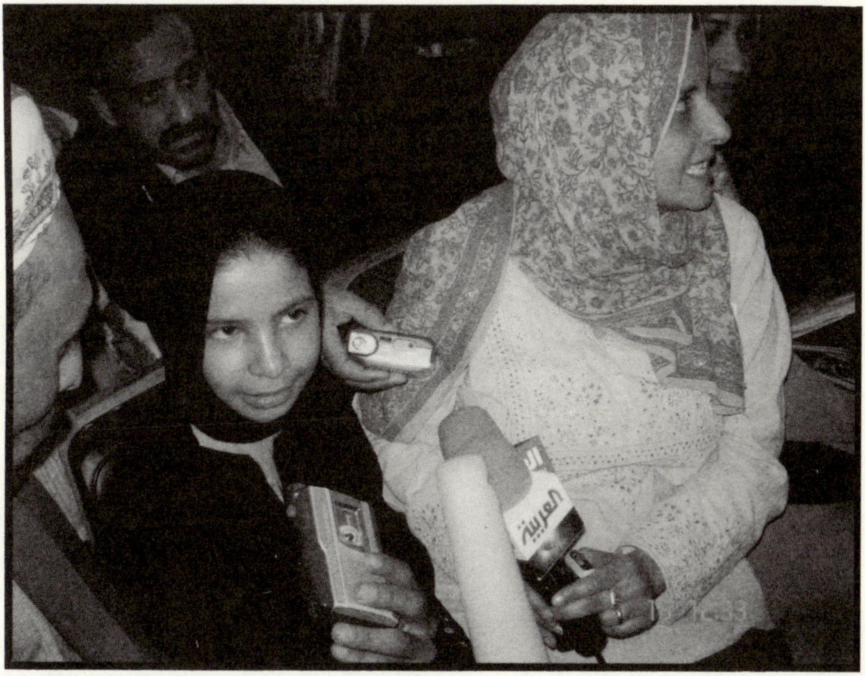

許多記者前來旁聽我的審判。

7 離婚

二〇〇八年四月十五日

這重大的一天來得比預期還快。法庭裡擠滿了人，嘈雜聲響貫穿整個房子，這種景象令我相當驚訝。面對法官席的座椅已經坐滿了人。這些人都是特地為我而來的嗎？莎達已經事先告訴我，開庭前的準備工作得花上一大段時間，不過她的媒體操作終於有了成果。看見法庭內黑壓壓的人群，她似乎跟我一樣訝異。我想，從我們第一次見面以來，差不多過了一星期的時間吧。在這段時間內，她忙著聯絡媒體以及女權組織……眼前的這一切就是結果！真是奇蹟啊，我這輩子從沒看過這麼多的照相機和攝影機，不知道此時我的呼吸變得急促，是因為周遭圍繞著人讓我缺氧，還是出於單純的緊張？

黑色面紗下的我，已經是汗流不止了。

「諾珠，笑一個！」一位攝影師喊著，邊以手肘推擠著旁人向我走來。

但是他才一靠近我，我的面前便突然出現一列照相機與攝影機。我臉紅了！這些閃光真是令我不好意思，而且，我環顧四周，看不到任何一個認識的人。大家都猛對著我瞧……我向莎達貼近，她身上的香味讓我安心，是那種茉莉花香，它從此成了我熟悉的味道。莎達，像是我的第二個媽媽！

「莎達阿姨……」

「怎麼了？」

「我好怕。」

「我們就快成功了，我們就快成功了。」她低聲地對我說。

我沒想到會引起這麼廣大的注意。過去漫長的幾個月，我只是一個沉默的受害者，現在卻突然被推到台前，面對眼前的記者群；可是我記得莎達曾

經說過，記者都不會來，這場審判只有我們幾個人而已。所以，要是這些記者問我問題，我該怎麼跟他們說呢？我從來就沒學過要如何好好回答問題。

「莎達。」

「什麼事？」

「看著這些閃光，我覺得自己好像是……喬治・布希呢，就是我們常在電視上看到的那個高大的美國人。」

她笑了。

「別擔心。」她說。

我也擠出了微笑，但是真正的我，其實是怕得全身動彈不得；雙腳傳來奇怪的感覺，彷彿黏在地面，讓我動也不能動。可是我很清楚，我害怕，是因為我心中有個極大的問號：到底離婚是什麼狀況？我忘了問莎達，在學校老師也沒教過。雖然我和瑪拉克無所不談，但是我們也從沒聊過這個話題。

說不定我和她想的都一樣：離婚是大人的事情，我們還小，不必懂。結果我連我的老師是已婚還是離婚了都不知道……我從沒想過要問她們。因此，我很難比較自己和身旁女性的遭遇有何不同。

這時，我腦中瞬間閃過的一個想法，讓我頭疼了起來：假如那頭野獸說不呢？萬一他不願意接受離婚，還在兄弟以及村中男人的助陣下，抽出彎刀威脅法官，那該怎麼辦？誰知道呢？

莎達拍拍我的肩膀說：「放心，一切都會很順利。」

我抬頭好看清楚她的樣子。我想她昨夜應該睡得不好，所以眼睛下方凹陷，整個人似乎很疲累。這一切都是因為我的緣故，我實在好對不起她。儘管她明明很累，但她看起來還是那麼美麗高雅，真的是十足城市女性的樣子！啊，我注意到她頭巾顏色換了，剛好與她長袍一樣都是粉紅色的，這也

是我最喜歡的顏色之一；她今天還穿上了一件灰色長裙，腳上套著一雙高跟鞋。我很慶幸，有她陪在我身旁。

在人群中，我猛然發現有人對我招手。我終於看見認識的人了！那是《葉門時報》的記者哈麥得・塔貝，是我新交的朋友。他對我而言，是一個真正的大哥哥，不像穆罕默德。他長得很高，圓臉棕髮，還有寬闊的肩膀。而我也立刻為他的善良所感動。我不知道他幾歲了，也不敢多問。哈麥得是莎達的朋友，是她介紹我們認識的。我們兩個幾天前在法院大廳見過面，大概就在早先我與莎達相遇的那個地點。

那次，哈麥得一開始就先問我可否為我拍張照片，接著，我們就在法院旁的一家小餐館裡頭坐下。他拿出了筆與筆記簿，問我許許多多的問題，包括我的父母、婚姻、卡極，還有新婚之夜……我一邊羞紅了臉，一邊對他說出我的故事。當我描述床單上的血跡時，我注意到他皺起了眉頭。我知道他

瞭解我的感受，甚至還看見他拿著筆暗暗敲了桌子。儘管他試著不表現出任何情緒，但我仍看得出來他的擔憂難過。很明顯地，他很生氣，也替我感到痛苦。

他輕聲地問：「可是妳還小啊！他怎麼能夠……？」

真奇怪，這一回我竟然沒哭。我沉默了幾秒鐘之後，繼續說：「我想要出去跟同齡的小孩子一起玩，可是他打我，還強迫我回到房間跟他做很骯髒的事情……他總是用很粗俗的字眼跟我說話……」

當我們互道再見時，哈麥得的筆記簿已經寫得密密麻麻了。他詳盡地記下了我的故事，後來甚至順利混進了監獄，用手機拍下阿爸和那個人的照片。過了幾天，莎達告訴我，報紙上已經刊出哈麥得的報導，而且在葉門造成極大的迴響。哈麥得是第一個揭露我的遭遇的記者。沒錯，當時我很尷尬，可是現在，我知道他是我的大恩人。

當我一走進法庭，照相機快門開始喀嚓喀嚓地響。

我看見兩名戴著黑色軍帽、穿著橄欖綠色制服的軍人，押著阿爸和那頭野獸進了法庭，我不禁全身起了寒顫。他們看起來很生氣。當他們經過我們面前時，那頭野獸原本低著頭，竟然就轉頭對莎達說：

「妳以為自己很了不起啊？我結婚的時候，沒有什麼慶典。結果這下可好，妳幫我們準備了一場！」

那個人怎麼敢如此對莎達說話？我擔心的事情果然發生了。至於莎達，她仍保持著過人的冷靜，連頭都不低。她的強悍個性令我刮目相看。她不需要誇張的手勢動作，便能表達出自己的情緒，而且光靠眼神，就讓人看出她對那個人的不屑。對，光靠眼神就夠了！這些日子，我從她身上學到許多東西。

她對我說：「別理他！」

儘管我想和莎達一樣按捺住自己的情緒，但還是沒能做到。沒辦法，我的心臟正撲通撲通地跳，而那個人對我所做的一切，令我對他恨之入骨！當我抬起頭，阿爸正巧看著我，他看起來很不高興。我必須要保持理性，可是我還是很怕他一輩子都不會原諒我。他口中的名譽——這麼複雜的詞，從他臉上的表情，我開始理解了其中的意義。他眼神裡透露出憤怒以及羞恥。所有的照相機都將鏡頭對準了他……我很氣他，但是又沒辦法不同情他。對這裡的男人來說，受人尊敬十分重要。

法警說：「真是混亂啊！從沒看過法庭擠進這麼多人！」

照相機的閃光燈開始此起彼落。終於，重要人物到了——原來是法庭審判長穆罕默德・阿卡吉。我是從他後腦勺打結的白色纏頭巾認出來的。他的嘴巴兩邊有細細的兩撇小鬍子，下巴也留著短鬍鬚；一身白色連身長袍外

面，還罩了一件灰色短外套。阿卡吉盤腿坐下來，驕傲地立起隨身攜帶的彎刀。

我從頭到尾一直看著他，分分秒秒地跟隨他的一舉一動。我看著他坐進了放滿電視台與電台麥克風的審判台，將文件擺在自己面前，看上去彷彿是總統正準備發表演說。接著，阿布多法官走到阿卡吉的身旁坐下。我真的不敢相信，他們都在這裡支持我！

阿卡吉宣告：「以慈悲全能的真主之名，我宣布審判開始。」他要我們走近審判台。

莎達示意要我跟著她，在我們左邊的阿爸與那個人也跟著往前走。這時候，身後的人群開始騷動，我感覺一部分的自己意外變得很堅強，但另一部分的自己，卻無法克制地在此刻想退縮。我交叉著雙臂，強迫自己挺直身

子。

輪到阿布多說話了。

「今日的案件，是關於一個小女孩在未表示同意的狀況下結婚。當婚姻合同一簽下，她便遭強制帶到哈雅省。她還未到青春期，並且身心還未準備好發生性關係，她的丈夫即對她施行性虐待。不僅如此，她的丈夫還毆打侮辱她。今天，她本人在此提出離婚要求……」

我等待已久的重要時刻終於到來。壞人是該得到懲罰了，就像在學校，老師會要我們去牆壁罰站一樣。真希望我能夠打贏那頭野獸，也希望他願意離婚。

穆罕默德・阿卡吉以小木槌敲了幾下桌子。

他對我最憎惡的那個人說：「聽著，你在兩個月前娶了這個小女孩，你與她上床並且毆打她。這是真的嗎？」

那頭野獸眨了眨眼，回答：「那不是真的！她父親和她都同意這場婚事。」

我有沒有聽錯？他怎麼敢……？這個大騙子！我恨死他了！

阿卡吉又重複問了：「你到底有沒有跟她上床？你到底有沒有跟她上床？」

法庭一片靜寂，氣氛凝重。

「沒有！」

「你有沒有打她？」

「沒有……我沒有對她動粗過。」

我緊抓著莎達的大衣。看他那口黃牙、變態的笑容還有亂七八糟的頭髮，還敢這麼有自信？他怎麼能夠如此輕易地說謊呢？我不能讓他得意。我得說出真相：

「他說謊！」

法官在一張紙上草草地寫下幾行字。他接著轉頭對我爸爸說：

「你同意這場婚事嗎？」

「是的。」

「你女兒幾歲了？」

「十三歲。」

十三歲？從沒有人告訴我，我今年十三歲！我什麼時候變成十三歲的啊？我大概九歲，最多也是十歲吧！我玩著手指，試著讓自己平靜下來。接著我又開始注意聽。

我爸又說：「我把她嫁出去，是因為我會擔心。我擔心……」

他的眼睛充滿了血絲。擔心？擔心什麼？

「我把她嫁出去，是因為我擔心她跟她的兩個姐姐一樣，被人擄走。」

他朝著空中舉起了拳頭接著說：「一個男人已經搶走了我的兩個女兒！他綁架了她們倆。真是太過分了。那個人現在正在坐牢。」

我不大懂他在說什麼。他的回答不但含糊而且複雜。就連法官的問題，也越來越難以理解。我還小，對我來說，這些莫名其妙的話語不但難懂，而且還一直重複、一直重複，沒完沒了；起先溫和，而後變得嚴厲，如同擲在牆上的石塊，化成了碎片。話語的節奏逐漸加快，而音調也越來越高。我聽見兩名被告反擊。法庭裡一片鬧哄哄地，我的心臟也越跳越快。那頭野獸對阿卡吉喃喃地說了一些話，阿卡吉於是拿小木槌敲了幾下桌子。

他宣布：「在被告的要求之下，這場審判將改採祕密審判。」

他示意我們隨他到另一個隱密的空間。畢竟是跟隱私有關，所以一旦遠離了人群，會讓我心裡感覺平靜些。然而來到這裡，對答仍然持續進行著，我也還是得堅持下去。

法官問：「法爾茲・阿里先生，你到底有沒有與她有夫妻之實？」

他回答：「有。可是我很小心，動作也很輕柔……我也沒有打她。」

他的回答像是在我臉上打了一記，於是他對我的毆打、侮辱以及折磨全都湧上了心頭。「什麼？沒有打我？那我手臂上的瘀痕，還有因為疼痛而流的眼淚算什麼？你明明就有！」

於是我大吼：「不對！」

所有人都看著我。但我更訝異自己竟然這麼主動反擊，這一點都不像我。

從這時候開始，事情的發展變得很快速。那頭野獸非常憤怒，他說我爸爸謊稱我的年齡，背叛他的信任。而阿爸也發火了。他說他和那個人明明說好，得等我長大了才可以碰我。於是，那頭野獸表示，他願意跟我離婚，但是我爸爸得將我的聘金還給他。阿爸反駁著說，他根本沒有收到一分一毫。

多少錢？什麼時候？如何收？誰說謊？誰講真話？真讓人覺得像在市場一樣。有人建議，不如給那個人五萬里雅（約台幣八千八百元，相當於一名葉門工人四個月的薪資），便可結案。我茫然了，只希望這些事情全都結束，不要再來打擾我了！大人的爭執讓小孩受苦，真是夠了！停止吧！

最後，法官的判決還是解救了我。

他宣判：「離婚成立！」

離婚成立？我真不敢相信。真奇怪，我突然很想狂跑大叫來表達我的喜悅。我是如此高興，以至於沒注意到阿爸和那個人不用繳罰金，也不用簽下守法同意書，就這麼無條件當庭獲得釋放。

當下，我只想好好地享受這失而復得的自由。當我走出去時，才注意到原先那些群眾仍未離開，而且還更嘈雜了。

一位記者說：「要不要在攝影機前說幾句話？」

一堆人擠到他身旁想要看我。人們鼓掌，道賀恭喜的聲音此起彼落，在我耳朵邊嗡嗡地響。

我聽見有人在我背後低語，說我是世界上年紀最輕的離婚女性。

人們給我的禮物紛如雨下。一個男人因為我的故事而感動，於是在我手中塞進了十五萬里雅（約台幣兩萬六千元）！他說自己是某個沙烏地阿拉伯捐款人的代表。我長這麼大，從來沒摸過這麼多錢。

他說：「這個女孩是英雄，值得獎勵！」

另一個男人則表示，有個伊拉克女士要贈送金子給我。

我身旁的閃光燈閃個不停，記者也圍繞著我。人群中，我的某個叔叔站起來，對莎達大喊：

「妳損害了我們家族的聲望，玷污了我們的名譽！」

莎達轉身看著我。

她說：「他胡說八道。」

她牽著我的手，要我跟著她走。反正我贏了，沒必要怕我叔叔。我贏了！我離婚了！不用再想婚姻這回事了！好奇怪，這種輕快的感覺，讓我彷彿一下子重回了童年……

「莎達阿姨？」

「怎麼了？」

「我想要買新的玩具！我想要吃巧克力和蛋糕！」

她給了我一個微笑當作答案。

這是第一次有人送禮物給我。

8 生日

原來這就是幸福。我幾個小時前走出法院，驚異地發現，馬路上車潮的聲音聽起來是前所未有的溫柔。經過了一家雜貨店，我想著一大球冰淇淋。我對自己說：「我會吃第二球、第三球……」我遠遠地看見了一隻貓，好想跑過去摸摸牠。我的眼睛閃爍著，彷彿是第一次發覺生命中最微不足道的美麗事物，心中充滿了幸福，這真是我生命中最美好的一天。

「莎達，妳覺得我看起來如何？」

「美極了！」

莎達為了慶祝我的勝利，於是買衣服送給我。一穿上粉紅色厚棉T恤，還有繡著彩色蝴蝶的水洗牛仔褲，我簡直變成全新的人。我的長鬈髮梳攏成

了髻，還別上綠色緞帶作為裝飾，感覺真的很棒！而且，我也把黑色面紗甩掉了，這下子，所有人都可以讚美我的髮型。

後來，我們與哈麥得以及幾位記者約在《葉門時報》碰面。那是一棟三層樓高的建築，看起來很氣派，大門前還有個穿制服的守衛在監視來往的人群。整個感覺就像是沙那高級住宅區裡的別墅——那些我一直很想畫成圖的別墅。我扶著木頭扶手，茫茫然地走上一階又一階的大理石樓梯。窗戶十分乾淨，射進來的陽光，在白色牆上映出一個個黃色的小圓圈。空氣裡浮蕩著蠟的氣味，聞起來很好。

《葉門時報》總編輯娜迪雅在二樓迎接我們。她一看見我，便給我一個擁抱。我以前根本無法想像一個女人可以指揮一份報紙。她的丈夫可以接受

嗎？看著我如此的訝異，娜迪雅笑了出來。

她對我說：「跟我來吧。」

娜迪雅的大辦公室採光充足。她推開了辦公室後方的門，眼前出現的是一間小孩房。小抱枕以及玩具散落地上。

她解釋：「這是我女兒的房間。我有時候會帶她一起上班。如此一來，我就可以兼顧小孩與工作。」

這一整間房間是她女兒專屬的嗎？在我眼前開展的世界，和我所生活的世界，完全是兩回事。我彷彿來到另一個星球，心裡又是驚慌又是沉醉。

令人驚異的不僅於此。娜迪雅還邀我跟她進入一間所謂的「編輯室」，我驚訝地發現，在那裡工作的人幾乎都是女性，有些人從頭到腳一身黑，偶爾才會掀起面紗喝幾口茶；有些則是戴著橘色或紅色頭巾，幾綹金黃髮絲從頭巾下探出，襯托出美麗的藍色眼睛和雪白如牛乳的肌膚，修長的手指還搽

著指甲油。她們的阿拉伯話帶著奇怪的口音。這些人應該是外國人吧？美國人或者是德國人？而且她們大概是嫁給了葉門人。她們一定也是念了很多書，才有辦法在這裡工作。我還發現，她們跟莎達一樣，都是開車上班。

我腦中幻想著她們像電視節目的人物一樣，喝咖啡、抽菸的畫面。她們說不定出門晚餐前，還會先搽上口紅呢。其中一位正在講電話，應該是講很重要的事情。我伸長了耳朵，沉醉在她那溫柔的語言裡，猜想她是在講英文。有一天，我也要會講英文。

我並不想拚命觀察她們。其實，她們的專注力才是令我覺得不可思議的地方。她們每個人的淡色木質桌上都擺著一台電視機，眼睛全盯著那機器，專心地在敲打，而且可以一邊上班，一邊看「湯姆與傑利」卡通。她們真厲害，也真會享受啊！

哈麥得看我這麼訝異，於是解釋說：「諾珠，這些是電腦！」

「什麼？」

「是電腦！這些連著鍵盤的機器，可以用來寫報導還有寄信，還可以整理照片。」

可以寄信和整理照片的機器……這些女人不但很有氣質，而且還很現代化呢！我幻想著自己在十年後或二十年後，也坐上這些位子。我會塗上指甲油，手中拿著筆，這樣應該很有記者的架勢。不然當律師如何？或者同時當記者和律師？我用電腦寄信給哈麥得和莎達。我一定會賣力工作！以後我做的工作一定能夠幫助受苦的人，並且讓他們過更好的生活。

參觀《葉門時報》的行程進行到最後一站——會議室。娜迪雅向我解釋：「有很重要的事情會在這裡進行。」

「諾珠，妳好棒！」我聽見一個男人的聲音。

「諾珠打贏了！諾珠打贏了！」好幾個人異口同聲地說，接著是一片雜亂的交談聲。

我才推開門走進去，便發現有三十多個人睜亮著眼圍著我，隨即，這個會議室便迴響起鼓掌聲。他們對我眨著眼，給我大大的微笑，還送給我飛吻。我捏了捏右手，好確定自己不是在做夢。是真的！眼前一切是真的！今天，「很重要的事情」，原來就是我的事情……

他們紛紛送禮物給我。首先是哈麥得，他給了我一隻到我肩膀那麼高的紅色大狗熊，它圓鼓鼓的肚子上有一個紅心，畫著一些我看不懂的線條。

「上頭寫的是I love you，那是英文，意思是我愛你。」哈麥得解釋著。

我的四周都有人要遞禮物給我，我都不知該看向哪一個。我一個個地解開禮物緞帶，那真是一連串的驚喜：一架小電子琴、彩色筆、素描簿，還有跟阿布德・瓦得家一樣的富拉娃娃。

我想表達心中的感激，但是除了「謝謝」之外，卻找不到更適合的話語。

我只是看著大家，開心地笑著。

娜迪雅邀我切蛋糕。那是我最愛的巧克力口味！蛋糕上頭有五顆紅櫻桃做裝飾。我突然想起自己陪著莫娜去海耶街的情景。好幾次，我將臉貼著精品店櫥窗，幻想著有禮服、還有蛋糕的結婚慶典。結果我親身經歷的，卻不是如此。

與夢境相比，現實有時候是殘酷的，但是，也有可能會帶來意外的驚喜。

如今，我終於瞭解，什麼叫做「慶典」。如果這個詞象徵著甜點，那麼吃起來一定是脆脆甜甜，而中間也許還帶有些許軟嫩。就像我最愛吃的椰子糖。

我緊緊地抱著我的大狗熊說：「離婚慶典實在比結婚慶典還來得有趣！」

娜迪雅問我：「諾珠，在這麼特別的慶典中，我們為妳唱首什麼歌好呢？」

「我不知道耶……」

我遲疑了一會兒。

莎達提議：

「就唱生日快樂歌如何？」

「生日快樂？什麼是生日啊？」我有些訝異地問她。

「生日啊，就是出生的那一天。很多人都會慶祝生日。」

「喔，可是我有個問題……」

「什麼問題？」

「我的問題是……我不知道自己的生日是哪一天。」

她開心地說：「那剛好。從現在開始，我們替妳慶祝的這一天就是妳的生日！」

會議室裡一片掌聲。

「諾珠，生日快樂！」

我好想開懷大笑。當身旁有這麼多人陪伴，幸福就可以很簡單。

9 莫娜

離婚改變了我的生活。我不哭了，也慢慢地不做惡夢了，彷彿經歷過的這些試煉已經讓我變得堅強。偶爾當我出門的時候，會遇見鄰近的婦人叫住我，大聲地說「恭喜」——這個詞雖然被不好的回憶玷污了，但我還是很願意再次聽見。那些人我根本都不認識呢！我臉紅了，但是心裡頭感到很驕傲！

二〇〇八年六月

我感覺自己更勇敢了。我總是注意聽著別人的對話，而那些關於我的家庭、兄姐的謎團，不再盤繞不去，因為我開始明白到底是怎麼一回事了——特別是莫娜的事情。一切彷彿一幅複雜的拼圖，而我開始一片一片地要拼湊

出原貌……

「等等我，我也要跟你們一起去！」莫娜追著車子，大喊著。

這一天，一位名叫艾曼的女權活動家帶著一位外國記者來找我，而我這時候才剛離開舅舅家，回到爸媽家不久。

葉門沒有家暴女孩收容所，但畢竟回到自己家總是好的。沒錯，我一直都氣我阿爸，他也一直生我的氣，不過他是有理由如此的，只是我們彼此都裝作已經忘了那些事。也好，暫時這樣也不錯。

我們才剛搬進達爾，那是位於通往機場道路上的社區。我們住的房子很狹窄，只有兩間小房間，幾個貼著牆擺放的抱枕是唯一的裝飾。夜晚時，附近準備降落的飛機聲常常讓我們驚醒，但至少我在這裡，還可以看守著哈伊法。要是有人要娶她，我一定立刻表示反對。我會說：「不行！這是違法

的！」要是沒有人願意聽的話，我就會叫警察來！哈麥得給我的手機，我一直小心翼翼地收在口袋裡。莎達也有同樣的手機。有了它，我就可以隨時聯絡哈麥得。

我的大哥穆罕默德對我很不高興。自從法庭審判以後，他對我和哈伊法說話的口氣經常很差。他一直煩著我爸爸說，我們家發生的這些事情會影響我們家的名聲。我確定他是嫉妒我。每當有記者上門時，他所顯現出的不悅就是證明。

我的故事很快地傳遍了世界各地，這實在太出乎我意料了。每個星期，都有從聽起來很外國味的國家，如法國、義大利……甚至美國來的記者，他們都是為了我專程前來！

今天早上，當艾曼一來到我家，穆罕默德便對她說：「就因為諾珠，一堆外國人在這個社區閒晃。她簡直讓我們家丟臉死了！」

艾曼立即回答：「我看是她該因為你而覺得丟臉吧！」

我心裡有個聲音說：「艾曼妳真行！」

穆罕默德一時語塞，於是獨自躲到客廳一角去了。而在他還來不及反對我出門之前，我便趕忙戴上黑色頭巾，拉著哈伊法跟我出門。我不會讓哈伊法獨自面對穆罕默德的怒氣，我會好好保護她。再說，艾曼準備帶我們去遊樂園，我也從沒去過，這真的是不能錯過的好機會啊！

可是當我們坐上了車，莫娜卻急忙跑過來。

「穆罕默德要我跟妳們去！」她喘吁吁地說。

雖然莫娜看起來挺尷尬的，但態度卻很堅持，她表示我們一定得帶著她才行，我們也知道最好要聽大哥的話。她臉上罩著黑色面紗，一屁股坐進了司機旁邊的座位。

我大概知道這是在玩什麼把戲了。穆罕默德因為生氣而想報復，於是他

派莫娜監視我。但我很快就發現了，原來莫娜腦中盤算著別的主意，而且是我所料想不到的……

當車子一開上路，她便表示，在開到遊樂園之前，得先繞到我們以前住的社區一趟。這主意可真奇怪，難道是穆罕默德交代的特殊任務嗎？儘管莫娜的堅持讓艾曼覺得不解，但她仍然答應了。莫娜帶著路，直到我們來到了一間清真寺前。

「停車！」莫娜對司機大喊。

我從沒見過她如此激動。

車子猛然煞車。在清真寺入口的階梯上，有個人從皺巴巴的黑色長面紗底下伸出一隻手，跟過往行人要錢，而另一隻手則摸著一個睡著的小女孩的臉。小女孩的頭髮亂蓬蓬，身體在滿是污漬的長袍底下顯得很侷促。

我大叫：

「是莫妮哈！」

她是莫娜的女兒，我親愛的外甥女啊！這個從頭包到腳、看不見臉孔的乞丐，為什麼會抱著她呢？

「自從我丈夫坐牢後，我婆婆就堅持要莫妮哈的監護權。」在大家一陣錯愕之中，莫娜低聲說：「她說帶個孩子比較能哄騙路人掏出錢……」

我驚訝地張大了嘴。莫妮哈這個精緻的小娃娃，怎麼會落得在這個衣衫破爛的親家母懷裡乞討呢？而莫娜的丈夫卻在坐牢？還有，原來阿爸口中說的那個坐牢的男人，指的就是他？我看著莫娜過去抓下黑衣婦人懷中的展示品，連忙溫柔地親吻著。

「我好想她……我保證會把她帶回來。我保證……」莫娜這麼說，隨後便抱著三歲的女兒鑽進了車子裡。

車裡突然彌漫著一股悶臭的味道。那是因為渾身髒兮兮的莫妮哈，而她腳上的鞋子也已經看不出顏色了。

車門一關，我們重新上路了。莫妮哈很開心見到我們大家；至於我們，在那種情況下找到她時的錯愕，也幾乎全都拋到腦後了。

司機往西南方開。路上，我們經過了一座搭建中的清真寺。這座建築又高又雄偉，就跟城堡一樣。我將額頭貼著車窗，欣賞著六個巨大的尖塔，這些尖塔真是令人震撼。艾曼解釋說，這是我們總統花了將近六千萬美金蓋的。我只會算到一百，所以我想，這一定是很多很多錢的意思。

我突然有個念頭：生命可真奇怪啊。一邊是看起來像皇宮的清真寺，另一邊卻是沒有錢吃飯的乞丐。我可要找一天問問莎達，請她解釋給我聽才行。

不過，我現在最在乎的，還是莫娜的事情。當我們一到遊樂園，她便開始一點一滴地吐露心裡的話……

「這說來話可長了……」她嘆了一口氣，放開手任莫妮哈跑到灌木叢後躲起來，哈伊法則跟在莫妮哈身後。隨即，艾曼以及記者便在莫娜面前坐下。

她們三個女人在樹蔭下盤腿坐著，而我伸長了耳朵，注意聽她們談話的內容。

「我丈夫在諾珠結婚前的幾個星期，進了監獄……因為有人在臥房發現他和我大姐哈蜜拉。其實我早就起疑了，只是怕被責怪，才叫人去找他們，讓別人當場逮到他們兩人幹的好事。結果，事情很快就變得難以收拾。警察來到家裡，押走了我丈夫與哈蜜拉。兩人到現在都還蹲在牢裡，我不知道他們還要關多久……」

莫娜低著頭，我驚訝地看著她，不知道該說些什麼。她說的事情，我說不出嚴重在哪裡，但是聽起來還真的很可怕。

艾曼喃喃地說：「在葉門，通姦有可能判處死刑。」

「我知道，」莫娜繼續說，「大概就是因為如此，所以我丈夫今天對我施加壓力，要我簽下一份文件，讓別人以為他在遭到逮捕前，就已經和我離婚了……我不願意去監獄探望他，但是他要人帶話給我。我絕不會退讓！這次他不能就這樣全身而退！他已經把我折磨得夠慘了……」

我第一次見到莫娜如此多話。她揮動著雙手說話，儘管面紗蓋住了整張臉，但唯一露出的雙眼此時卻閃爍著。光是聽她顫抖的聲音，我的心便揪了起來。

突然，一陣瘋狂笑聲傳來，轉移了我們的注意力。原來是蹲在灌木叢後面的莫妮哈，拉下了內褲，用一道清澈的水柱灌溉著因為日照而變黃的小

草。

莫娜對著她罵：「莫妮哈！」她回復了做母親的樣子，臉上微微地笑著。

但是很快地，她的雙眼又失去了神采。

「我親愛的女兒莫妮哈……我注定得獨自撫養兩個小孩，除非我婆婆願意讓我探望他們。我丈夫從來就不是個好爸爸，也從來就不是個好丈夫……」

她沉默了一會兒，接著說：

「當我被迫出嫁時，也是差不多諾珠這個年紀。那時我和家人在卡極過著幸福的日子，直到黑暗的那一天到來，一切都變了樣……」

我眯著眼睛，慢慢地靠近，好聽得更清楚。就我的年齡而言，我聽得已經夠多了，可是我一定要知道這故事的結尾——畢竟這是我姐姐的故事，而

且奇怪的是，我認為我該對她負責。

「當時歐媽的健康出了大問題，所以醫生建議她到首都去找專門科醫生。那天，她才剛出發到沙那接受緊急治療，而阿爸也和平常一樣早早出門放牧，家裡只有我和弟弟，以及當時還是個寶寶的諾珠在家……有個陌生的年輕人來到我家附近。他大概有三十歲吧。他開始對我示好……我想要把他趕走，結果他竟然把我推進房間。我用力抵抗，大聲呼救，我喊：『不要不要！』但最後還是……」

她停住一會兒。

「當阿爸回到家時，一切已經太遲了。事情發生得太快……」

我真不敢相信！可憐的莫娜，原來她也是……在她緊張的乾笑之間，雙眼仍保持嚴厲，但眼神變得十分沮喪……就是這樣。

「阿爸氣壞了，急忙找來附近鄰居想要弄清楚是怎麼一回事。他指責

村民是這場陰謀的共犯，但是沒有人理會他。村中長老知道了這件事，但他只想出一個辦法，就是要我在這場醜事傳遍各地之前和那個人結婚，除此之外，沒有別的方法可想。一切都只是為了要挽回名譽！他說，最好盡快把這事情掩蓋起來。

「沒有人問我的意見。他們給我穿上了藍色長袍，我一夕之間就成為他的妻子。在這期間，歐媽回來了，她舉手向天，氣自己為何要離開。阿爸覺得很丟臉，於是想要報復。他說這全是鄰居的錯，一定是有人要害他，才會對他的孩子不利。他覺得自己受到了侮辱與背叛。後來有個晚上，他和村人聚在一起討論，談著談著，大家的火氣上來了，開始互相羞辱還抽出了彎刀。過了一小段時間——我不記得是當天晚上還是隔天——村民拿著手槍上門來了。他們威脅我們，要我們立刻搬家……我的爸媽於是帶著我們到了沙那。我和我丈夫則先躲在別處避避風頭，幾個星期後才到首都和爸媽會

合。」

我渾身發抖著。那麼匆促地搬到沙那……我爸爸的憤怒……莫娜的悲傷，以及她對我異常的關注……原來如此。

「幾年之後，當阿爸向我們宣布諾珠即將結婚的消息，我感覺很噁心。我不停地求他多考慮。我告訴他說，諾珠還太小，但是阿爸卻不願意聽。他說只要諾珠嫁了出去，就不會被附近閒晃的男人欺負，也不會被綁架……他還說，我和哈蜜拉已經讓他夠煩惱的了……當家族中的男人聚集起來簽婚姻合同的時候，還談到『交換婚姻』，準備當法赫斯從沙烏地阿拉伯回來之後，就將諾珠丈夫的妹妹嫁給他。

「結婚晚宴那天，當我看見諾珠小小的身體撐不住過大的長袍時，我真的忍不住哭了。她真的還小！這讓我痛哭不已。為了保護她，我甚至還去找她丈夫談，我要他對真主發誓，在她進入青春期前，絕不會碰她。她丈夫向

我保證。但他還是食言了……他是罪人！所有的男人都是罪人！千萬、千萬不能相信男人的話！」

我忍不住猛盯著莫娜的黑面紗，彷彿在此刻，我希望能好好端詳在這黑色柵欄底下的臉，仔細看看她正滴下雙頰的淚水。不久前，我還懷疑她是特意來監視我的……我真是丟臉啊。這麼多年來，她默默地忍耐、毫不埋怨，也沒逃進另一個避風港……要是我早些知道就好了！莫娜，我的姐姐，她讓比我更不幸的命運給控制住，落入了問題重重的迷宮裡。她就跟我一樣失去了童年。但是我知道自己與莫娜不同的是，此刻的我有勇氣對抗命運，而且還有好運獲得了協助。

「莫娜！諾珠！看我！看我！」

我們抬起了頭，看到哈伊法盪著鞦韆笑得很開心，而莫妮哈則坐在她的

雙腿間。莫娜站了起來，我也跟著起身，因為哈伊法身旁的鞦韆是空的。

莫娜對我說：「諾珠，幫忙把我推高吧。」

莫娜坐在鞦韆上。我站上她的身後，雙腳分別踏著鞦韆的木頭座椅兩側，雙手緊抓著繩子。我開始擺動著身體。往前。向後。往前。向後。然後越來越快。

鞦韆像是飛了起來。

莫娜開心地喊著：「諾珠，高一點！再高一點！」

風吹打著我的臉，感覺十分清新！莫娜在大笑聲中往前盪去，看得出來她感到身體和內心都輕快了起來！這是我第一次聽見她笑得這麼自然，也是我第一次與她一起盪鞦韆！我感覺自己好像是一根羽毛，在空中飄蕩。失而復得的天真無邪，這滋味實在太妙了……

莫妮哈在旁邊嘻笑著：「歐媽飛起來了！歐媽飛起來了！」

莫娜開心地尖叫，完全不想停下來。

過了幾分鐘，我的頭巾終於承受不住空氣的壓力，鬆開了。這是第一次，我沒有像以往的習慣把頭巾立即繫好，頭髮很快就披散在肩上，隨著風呈現波浪起伏。我心裡充滿了自由。自由！

10 法赫斯回來了

二〇〇八年八月

幾天前，我在一家餐廳吃了一塊「披薩」。那家餐廳非常現代化，服務生不但頭上戴著棒球帽，還會用麥克風交代客人點的餐。

「披薩」的味道真好！一口咬下時是脆脆的，很像一大塊的薄餅麵包，上頭撒滿了許多好吃的東西，比如番茄、玉米、雞肉，還有橄欖。隔壁桌戴著頭巾的女士，看起來很像《葉門時報》的工作人員。她們舉止高雅，而且是用刀叉將「披薩」切成小塊送進嘴裡。

我學著她們用刀叉切我的披薩。剛開始並不簡單，結果把桌面弄得到處都是碎屑。哈伊法看見有個女孩子將一罐辣番茄汁加進了盤子中，她也想試

試看，只不過她才吃了幾口，喉嚨就好像燒起來了，眼睛也變得紅通通的。還好有一位服務生拿下了別著的麥克風，送來一大瓶水給她。

從那次起，吃「披薩」的經驗就變成我和哈伊法之間的遊戲。當我們幫歐媽做飯時，我們就扮演客人到「披薩」店點喜歡吃的餐。

哈伊法在客廳的地上鋪著桌巾，問我：「您想點些什麼呢？」

我回答：「我看看……今天來個乳酪『披薩』吧！」

事實上，我點乳酪口味的原因，是因為我才翻過了食物儲存袋，結果只剩下乳酪。沒關係，那就做乳酪口味的吧。

「上菜了！」哈伊法喊著，同時要其他人過來一起吃。

但當我們才準備開始吃少得可憐的飯菜時，就聽見一陣敲門聲。

「諾珠，有記者要來是嗎？」穆罕默德帶著懷疑的神情問我。

「今天沒有……」

「那說不定是載水卡車來填滿蓄水槽。只是，他們通常都是早上才過來……」

他皺著眉起身，口中還嚼著一塊麵包。接著，他急急忙忙地往鐵門走。在這麼熱的八月裡，誰會上門來拜訪我們呢？

以往，在天氣這麼酷熱的時期，出門拜訪人大多是黃昏後才會進行的活動。

突然，穆罕默德大叫一聲，把我們所有人都嚇了一跳。

他大喊：「法赫斯回來了！」

我差點昏倒。是我最愛的哥哥法赫斯，我已經四年沒見過他了！媽媽顫抖著雙手扶著牆，蹣跚地走到了大門口。所有人也腳步匆忙地往大門走，還差點把媽媽給絆倒。小拉達哈為了搶先一步，還猛往我們的胯下鑽。家裡的

小走道，從沒像現在這麼長過。

站在門口的年輕人有著曬黑的肌膚、凹陷的臉頰。他變了好多！

一直以來，我總是一再地仔細端詳著法赫斯的照片，就怕忘了他的臉。但是眼前的法赫斯整個人又高又瘦，已經不是照片裡頭的那個少年。從現在起，我得要將頭奮力抬高才能看清他的臉了。他的眼神變得堅毅，額頭上也多了幾條像阿爸一樣的暗色橫紋。法赫斯，已經是個男人了。

媽媽呻吟著：「法赫斯！法赫斯！」她抓住了法赫斯的白色長袍，用力地抱著他。

我接著抱住了他：「我好想你！」

法赫斯直挺挺地站著，一語不發。他看起來累壞了的樣子，而且眼神空洞——幾乎是帶著哀傷。

逃家這件事情，與他的性格是如此相配，但是這段期間究竟發生了什麼

事？

「法赫斯！法赫斯！」拉達哈像個機器人一樣地重複說著，但是她並不知道這位高大的先生就是她的大哥哥。畢竟法赫斯離家時，她還只是個小寶寶而已。

法赫斯逃家兩年後，才從沙烏地阿拉伯打了一通電話回來，但是一下子便掛斷了。之後又毫無音訊。直到上個月的某個晚上，他突然打電話回家。當歐媽認出電話的另一頭是法赫斯時，開心地尖叫了起來。我們大家於是搶起了話筒，一個接著一個和法赫斯說話。電話那頭聽起來很遙遠，但是知道他還活著，就讓我的心熱了起來。

爸爸急忙地問：「你那邊一切都還好嗎？」他聲音都哽咽了，像是馬上就要掉眼淚的聲音。

阿爸想知道法赫斯的一切，包括他是替誰工作、喜不喜歡那裡的環境、賺的錢多不多？

但是法赫斯的回答，卻是一直重複問著同一個問題，看起來這問題似乎困擾他很久了：

「你們那裡都好嗎？」

他特別強調「你們」這兩個字。他接著說：

「我很擔心家裡。我聽到了一些風聲……告訴我，你們那裡一切都很好，好不好？」

聽得出來他很擔心。法赫斯是不是聽到了什麼？他解釋，那裡傳著關於我們家的風言風語。沙烏地阿拉伯那麼遠，我連在地圖上都認不出是哪兒，竟然那裡都知道我們家的事了？一些從葉門過去的旅人告訴他，我們家出了事，但是並沒有告訴他細節。

有一天，法赫斯在一份當地的報紙上看到我爸爸和我的照片。由於他失學已久——他只上過一年學便輟學，無法閱讀報導內容，從那時起，關於我們家的神祕故事便在他心中縈繞不去，甚至讓他無法成眠。

旅人傳來的消息、報紙上的照片……甚至我離婚的消息，全都已經穿越了國境。在法赫斯的堅持之下，阿爸趕忙跟他大略敘述家裡最近幾個月的狀況。

法赫斯回答：「現在，我比較清楚了。」

媽媽抽抽噎噎地哀求法赫斯：「法赫斯，我的孩子啊！快回家吧！」

他回答：「不行，我有工作啊……」電話便掛斷了。

雖然透過電話只聊了十幾分鐘，但卻足以讓歐媽陷入更深沉的絕望裡。她才剛從我的離婚當中平復心情，現在卻動不動就生氣。她想再看看、抱抱兒子，聞一聞他的味道，不願意我們家一直處在不是有人逃家，就是被帶走

的陰影之下。為什麼命運待她如此苛刻？難道她就沒有權利跟其他媽媽一樣，擁有小小的幸福嗎？

從那通電話起，她又開始做惡夢，想像著自己再也見不到法赫斯。她認為他已經決定拋棄家庭，而他打電話回來，只是為了讓良心過得去。她連晚上都無法好好入睡，常常失眠。

光看她的樣子就讓我好心疼。離婚開了我的眼界，我也比以前更能感受別人的痛苦。

結果，在這悶熱的一天，我的法赫斯回來了！他比我印象中的法赫斯還來得平靜寡言，但是濃濃的眉毛以及鬈髮，分明就是我的哥哥。我想要知道他發生的所有事情：他的老闆待他好不好？他在沙烏地阿拉伯有沒有結交新朋友？還有，那裡的人應該會吃好吃的「披薩」吧？

媽媽終於不再抱著法赫斯不放，她牽著他的手來到了客廳。但他並不怎麼說話，只是慢慢地脫下了鞋子，然後懶洋洋地躺在抱枕上。我一直看著他，歐媽則以極快的速度給他端來了一杯茶，他急忙喝了幾口。

「告訴我們是怎麼一回事吧……」爸爸堅持著。

法赫斯將手中的茶杯放在桌巾上。

「對不起，四年之中，我一毛錢也存不到……早知道我就……」他低垂著頭喃喃地說。

室內一片沉默。他的表情開始舒展開來，露出近似微笑的神情。

「阿爸你還記得嗎？那一天，我到麵包店討麵包卻空手回家，你生氣地責罵我，我心裡真的覺得很丟臉。我受夠了到處去乞討。我想和我同年紀的男生一樣，可以有新褲子穿，可是家裡的錢只夠用來買吃的。隔天我起床的時候，我瘋狂地想要自力更生，我希望能夠賺到一筆不錯的錢，然後買自己

想要的衣服，於是我決定離家出走。我答應自己，等到口袋賺飽了的那一天就會回來。」

他停下來喝一口茶，接著繼續說：

「我在社區裡聽過有人談論在沙烏地阿拉伯的工作機會。他們說在那裡不但可以過得很好，而且還有錢可以寄回家，幫助改善家裡環境。這正是我要的！我於是想要去碰運氣。我心中充滿了抱負，反正我年輕又沒有家累，所以不會有什麼損失……但我沒想到會是那麼不容易。

「我花了四天才到了沙烏地阿拉伯。我先是和人一起搭上計程車，往葉門西北部的沙打市走。看著一路上佈滿的崗哨時，我才意識到這一趟旅程的漫長與艱難。當我到了沙打市，在那裡認識了一個人，他說只要我給他五千里雅（約台幣八百八十元），就可以帶我偷渡過邊界。雖然很貴，但是我心想，既然都已經到了這裡，總不能退縮，至少他是識途老馬。他說他知道走

什麼路可以躲過邊警。我身上沒有任何身分證明文件，所以最好還是靠他的服務才行。」

阿爸打斷他的話：「我們真的很擔心！大家都以為你就這樣永遠消失了。」

法赫斯沉浸在記憶裡。他沒注意到阿爸的問題，繼續說著：

「我們在深夜裡步行穿越邊界。我這一輩子從沒這麼怕過。我在路上遇見了幾個葉門人，其中有的年紀比我還小，他們跟我一樣，都不知道邊界的另一頭會有什麼事發生。大家的腦裡只有一個念頭，就是賺大錢。當我走在黑夜裡，我才瞭解自己正在冒險，要是士兵發現了我，將會立刻把我遣回沙那……

「當我穿過了邊界，才鬆了一口氣，但卻立刻發現接著而來的是一連串的問號。該去哪裡？那是我生平第一次踏上外國土地。儘管很累，我還是

繼續走著走著，直到抵達卡米思穆席市郊區。我一看，真的是大失所望。沙烏地阿拉伯的這塊區域，根本沒有比沙那好到哪兒。我在路上向一個男人問路，他讓我在他家借宿一晚。他和妻兒住在深山裡。

「隔天，他問我要不要替他工作。我沒有其他選擇，於是立刻答應了。他養了一大群羊，而我的工作就是負責照顧這六百隻牲畜，在另一個從蘇丹來的牧羊人協助之下，每天放領羊群吃草。我每天得工作十二個小時，從早上六點到晚上六點。晚上我就和那個蘇丹人睡在同一間小石頭屋。屋外是一片孤寂，彷彿與世隔絕，而屋裡只有兩張床墊，電視、冰箱、廁所、冷氣，全都沒有。我好失望……」

法赫斯停住不說，吞了下口水。他的聲音開始啞了。一定是旅途勞累的緣故。

「令人失望的事情開始接二連三發生了。我的老闆一天比一天要求得

更多。我得餵牲畜吃草、喝水，還得帶牠們到田野去。我每日的工時不斷地增長，直到一個月後領到了第一份薪水，我才知道自己所處的環境有多惡劣了。只有兩百里雅（約台幣三十五元）的薪水！這只夠在附近的商店買糖果……諷刺的是，那家商店還是我老闆開的！

「我迷惘了。我在心裡快速地算了一下，發現至少得工作一年，才能存夠錢回沙那。我沒有錢可以打電話回家，而且我實在拉不下臉承認自己的失敗。我第一次打電話，就只是要讓你們以為我過得很好。至於又過了兩年後才打的電話，是因為我太擔心了……」

他低垂著頭，鼓起了胸膛，而後長長地嘆了一口氣。

「當我掛斷電話，我忍不住想著歐媽在電話另一頭所流下的眼淚。我晚上開始睡不著。我算了算自己的錢，剛好只夠讓我回沙那。就在上星期的某個早上，我去見老闆，跟他道別。我心中有了決定，該是回家的時候了。」

穆罕默德問他：「那現在你有什麼打算？」

他回答：「就跟其他人一樣，在路上賣口香糖。」他說話的語氣，滿是聽天由命的無奈。

法赫斯變了！以前的他是那麼的野心勃勃，然而現在他卻甘於讓自己加入失敗者行列。

我好希望他能一直和以前一樣——忽然間，我好像又看見他頂撞爸爸時的魯莽眼神；我也記得他做的一些惹阿爸生氣、卻讓我覺得好笑的蠢事。要是他那一天也跟我們一起到「披薩」店的話，他一定會帶頭將餐巾紙摺成紙飛機，射到隔壁桌。

我很清楚，也是因為想著他的離家出走，我才有力量在四月時偷偷逃到法院去。他的出走給了我勇氣，讓我走向自己想要的道路。我覺得自己虧欠了他。

被打倒的法赫斯？不，這不像他。我無法想像他就這樣放棄。真的無法想像！這讓我感到好難過。未來，該由我去尋找幫助他的方法，雖然我還不知道要怎麼找，但我總會找到的！

11 當我成為律師……

二〇〇八年九月十六日

沙那吹起了風。這陣夏末季節所吹的風，不但帶回了涼爽的夜晚，還揭開了雨季的序幕。我的弟弟妹妹又能夠和鄰居小孩一起在水坑玩了。樹上的綠葉即將轉黃，而賣被子的流動小販也將會在路口出現。

對我而言，這陣風代表著我的返校日。我期待這一天已經很久了，因此幾乎難以入眠。睡前，我在棕色布書包裡謹慎地放進了全新的簿子。我在一張紙上練習寫自己的名字，還有瑪拉克的名字。我非常想念以前的同學，但可惜的是，儘管我重返學校，卻沒有機會再與她們同班，因為我在別的學校註冊了。

我在夢裡看見了白色的練習簿、彩色筆，而我的身旁也圍繞著許多和我同齡的小女孩。已經有好幾個星期，我不再做惡夢，不再一想起砰地關上的門與翻倒的油燈便驚醒、全身冒冷汗、雙眼潮濕、嘴巴乾黏。這段期間，我夢到的是學校；真希望在我懇切而認真的祈禱下，心願能夠真的實現。

當我一早張開眼睛，只覺得心臟正撲通地跳著。我躡手躡腳地起身去刷牙梳頭髮時，身邊的其他姐妹還在地上排排睡著。我走出了房屋最裡面的這個小房間，經過客廳旁的臥室（家中男性全都睡在裡面），從外頭便聽見蒼蠅嗡嗡飛著的聲音。我用冷水久久地沖了臉，然後才穿上新的學校制服。那是一件綠色長袍搭配一條白色頭巾。

「哈伊法，醒醒，我們快遲到了！」

哈伊法的頭髮蓬亂，半邊臉還給枕頭壓得扁扁的，她仍然一副很想睡

的樣子。我急著到門口去看計程車來了沒，歐媽便幫著哈伊法穿上衣服和鞋子。哈伊法找不到她的頭巾。沒關係。就改繫上另外一條好了。有點髒？的確，但是明天的頭巾就是乾淨的了。司機已經在駕駛座上等候。他是某個國際人道組織派過來的人。幸好有這個組織，我們的學費和交通費才有了著落。

「準備好了嗎？」

「好了！」

「那出發了！」

我的心跳得更快了。我急忙抓起書包，驕傲地背在肩頭上。在上車之前，我們親吻了歐媽。小拉達哈扯著歐媽的長袍，向我們揮手道別，眼睛一邊看向從遠處走過來的羊群。

我們新搬進來的這間水泥小房子，坐落在一條紅土死巷弄裡，屋後有間

可口可樂工廠，以及一大片荒地。有時在清早，會有牧羊人領著羊群過去吃草。

我和哈伊法坐在車子後座。當車子一發動，我們兩人交換了會心的微笑。雖然我們都沒開口，但是心裡面都清楚此刻心中的喜悅以及緊張。我等這一天已經等了好久！我終於可以畫新的圖畫、學阿拉伯語、《可蘭經》，還有數學！當我二月被迫休學時，我只會算到一百，但是現在，我想學會數到一百萬！

我臉貼著窗，瞥了一下藍天，早晨的風吹散了白雲。車外，路上竟然空空盪盪，沒有任何商家拉起鐵捲門。隔壁那個老鄰居，因為時常有記者出現在我家門前，老是抱怨個不停，但是今天早上卻沒有站在階梯上窺探。街角的麵包店關上了兩道門，不見排隊的人影。今年的開學日反常地遇上了齋戒

月，難怪一半的城市都還在沉睡中。

這是我第一次學著大人，在早晨的禮拜與夜晚的禮拜之間禁食。剛開始的幾天可真是不容易，尤其是酷熱的天氣讓喉嚨又乾又渴。起初，我還以為自己會昏倒，但很快的，我就愛上了這一整個月的內省與慶典。一年當中，我們在這個月以不同的方式生活著。

傍晚時，當太陽落到了屋後，我們就吃椰棗、大麥湯以及馬鈴薯或鮮肉小甜甜圈。這幾樣都是齋戒月時所吃的食物。而夜晚時，我們會熬夜，有時甚至到了凌晨三點才睡。晚上餐廳擠滿了客人；服飾店與玩具店的霓虹燈也亮了大半夜。而市中心靠近舊城區「巴伯艾爾葉門」的那一帶，連車子都無法行進。

今天早上，當我於五點第一次起床做晨禮時，我感謝真主在最近這些日

子以來沒有拋棄我，我也祈求祂保佑我二年級的表現優良，並且身體健康。我還不忘祈求阿爸和歐媽能夠賺大錢，好讓哥哥不用上街要錢，讓法赫斯可以重拾往日笑容。要是能夠實施義務教育的話，所有孩子都可以上學；而像法赫斯這樣的男孩子，也不用被迫在紅燈時向駕駛兜售口香糖。我好想念我的賈德爺爺，於是我也將我的思念告訴他。但我想，他在天上一定也會為我感到驕傲。

計程車開進了通往機場的主要幹道。當我們越過了檢查站[24]，車子就立刻右轉。我們接著經過了幾棟水泥房子，這些房子平坦的屋頂上，架設了凹盤形狀的球面天線。我想，說不定我們家有一天也會有電視機。司機這時按了個鈕，後車窗便自動打開，遠遠地傳來了女孩子的歌聲；隨著我們越往前，聲音也就越近了。

車子在一扇黑色大鐵門前停了下來。司機說：「我們已經到了。」——這趟路只花了五分鐘。突然，我渾身起了雞皮疙瘩，那是興奮與擔憂的情緒同時存在才會有的反應。現在歌聲已經在不遠的地方，我也聽清楚歌詞了。這是一首老童謠，去年我應該在學校學過。眼前的這扇門後，就是我的新學校了。

「諾珠，妳早！」

是莎達！天啊！我奔進了她的懷裡，緊緊地抱著她。這麼重要的一天，她堅持來到這裡。她不知道我是多麼開心能看見熟悉的面孔啊！

門後方是一個很大的礫石庭院，四周環繞著兩層樓高的建築，有十幾間灰磚牆教室。所有的女學生都跟我一樣，穿著綠色與白色的制服，但沒有一

㉔近幾年來，蓋達恐怖組織的威脅日益升高，因此執政當局增設了檢查站，尤其是通往機場的道路。

個是我認識的，這讓我挺不安。

莎達向我介紹了校長雅拉・馬提。那是一位戴著黑色面紗的婦人，我只看得見她的雙眼。

「諾珠，妳好嗎？」

這聲音溫柔中帶有自信。

她邀我們隨她進入校長室，就在庭院的最底處。那裡面，鋪上紅色桌巾的會議桌上擺了一盆塑膠花，而主牆張貼著一面阿里・阿布杜拉・薩利赫總統的大海報。一位教師正坐在桌子後方敲打著電腦鍵盤。

當門一關上，雅拉・馬提便掀起了面紗。一對藍灰色的眼珠以及雪白的肌膚，原來她是這麼漂亮！

「諾珠，歡迎妳來。妳可以把學校當自己家一樣。」

我心裡開始放鬆了一些。

接著，校長向我們解釋學校結構：基本上，這所學校是由社區鄰居捐款資助運作，每一年招收大約一千兩百位學生，而每一班則有四十到五十位學生。她強調，在這所學校裡，每位老師都會照顧所有小女孩。要是學生有任何需要，可以在課堂後去找老師談論較為私人的問題。

聽她這麼說，我的心情更輕鬆了。我一直以為自己再也沒有機會上學了，因為曾經有一位女老師反對讓我註冊：

「你知道的，她不是一般的女孩子……那個……她跟男人發生過關係了……她會帶壞其他同學……」當我們先前參觀學校時，她低聲地對莎達這麼說。

莎達曾經考慮過其他的選項。雖然那些選項聽起來很吸引人，但她認為都太不可行了：比如接受國際基金會資助，到國外就學；或是在沙那的私立學校註冊，但那裡的女學生穿著時尚，還搽著指甲油……我做得到嗎？我是

否可以離開家人，尤其是哈伊法呢？不行，我做不到。還不到時候。所以我選擇進入我們社區的學校。我不想再讓別人另眼相看，我要別人把我當成像我的姐妹一樣的普通女孩子對待。

「嗨！諾珠，Oh, You are soooooo cute！」[25]

我往說話的聲音看去，當場愣住了！有個女人出現在庭院中間。她有藍色眼珠和寬闊的肩膀，淡紫色的頭巾笨拙地蓋住了短髮。一群學生圍在她身邊，只見她用力做著手勢，大聲地對我說出一連串的話，但聽起來卻像是外國話。那一定是外國話。但看她的樣子，她以為自己是來到了動物園還是哪裡呀？

這時，莎達跟我解釋說，這位女士為一本名叫《魅力》的著名美國女性雜誌工作，她為了我專程飛到了葉門。於是我知道，我又要講我的故事了。一遍又一遍地講，同時要再一次因為難以回答的問題而尷尬，而那些被我辛

苦隱藏起的焦慮，又一次浮上我的心頭……

突然，學校鐘聲響了！我得救了！一個叫娜吉・米雅的老師手拿著小棍子，示意學生沿著牆排隊。我連忙照做。接著她要我們進入教室，那裡有兩排木頭座椅，她要大家自己選座位坐下，我選了靠窗的位置。這個位置不會太前面，也不會太後面，嚴格說來，是在第三列的位置。我的旁邊坐著兩位新同學，不過她們的名字我還記不住。

我認真地看著老師在黑板上用白色粉筆畫下的線條，想要辨識出所代表的意義。「Ra-ma-dan Ka-rim」。啊，是「齋戒月快樂！」一筆一畫如同拼圖，在我腦海裡組合拼湊。我從記憶中搜尋，找到了認識的字母形狀。我的心跳速度也終於正常下來了。

㉕英文：噢，妳長得好好好可愛哦！

當老師鼓勵我們背誦國歌歌詞時，練習簿翻頁的聲音吸引住我。那是學校的聲音。我終於再次聽見學校才有的聲音。

但這時候，我忍不住想著剛才校長講的話：

「去年，我們有一個十三歲的學生，沒有任何理由便突然不再到學校來。起先，我以為她還會再回來上課，接著過了幾個星期，她仍無消無息。直到幾個月前的某一天，我才知道她已經結婚了，而且還生了一個寶寶。她才十三歲……」

校長在莎達耳邊低聲說話，怕我聽見。我知道她是出於好意。不過她不知道，這幾個星期以來，我腦中有個想法已經成形了。是的，我決定了，等我長大以後，我要像莎達一樣當律師，為和我有同樣遭遇的女孩子辯護。如果我可以的話，一定會提議將合法婚姻年齡提高到十八或二十歲，甚至

二十二歲。我得成為堅強又有毅力的人，並且還得學會跟男性說話時，敢直視他們的雙眼。

另外，阿爸認為先知娶了九歲的阿依莎，因此童婚沒什麼不對。我得找一天，鼓起勇氣告訴他，我一點都不認同這個想法。我也要像莎達一樣，穿著高跟鞋，也不把臉蓋住。面紗實在會悶死人！不過在那之前，我得先好好做作業，還得做個好學生，才能進大學修法律。只要我努力堅持，這個心願就能實現！

從我逃到法院起，一連串的事情發生得太快，我還來不及理解自己身上究竟發生了什麼事。當然，這需要時間，以及耐心。此外，莎達好幾次提議我去看醫生。她說，這會對我有幫助。但是，我總在最後一刻取消了掛號。去看不認識的醫生，不是很尷尬嗎？最後，莎達放棄要我看醫生的念頭。

沒錯，一開始我覺得很丟臉之外，還有害怕與人不同，也有自己比不上別人的可怕感覺。每回想起只有自己經歷過的可怕遭遇，還是沒有人理解的故事中的無名受害者，我心裡忍不住起了奇怪的感覺：那是孤立無援，以及羞恥。

然而最近我瞭解到，原來自己並非單一個案。儘管別人不提，但與我和那位十三歲女學生同樣遭遇的女孩子，一定遠比想像中還來得多。

幾個星期以前，莎達安排我與阿娃以及琳恩見面，她們像我一樣也在最近提出了離婚的要求。我把她們當作姐妹一樣，一見面便給了一個大大的擁抱，她們的故事讓我感到難過。阿娃九歲時，父親強迫她嫁給比自己大二十五歲的男人。直到在電視上看見我的故事之後，某天早上她決定到離家最近的醫院去尋求庇護。那醫院就位在沙那南方的吉不拉村。

至於十一歲的琳恩，她的生活因為父母離婚而變調。她的爸爸為了報

復，於是將她嫁給了三十一歲的表哥。她幾次自殺未遂，最後鼓起了勇氣走上法院。

我很榮幸自己的故事能夠幫助她們保護自己。她們的悲慘遭遇讓我動容。我想她們反抗自己丈夫的選擇，與我也有部分關係；她們上法院也是因為我的緣故。我替她們感到非常難過。當我聽著她們的不幸時，面前彷彿出現了一面鏡子，映照出我自己的遭遇。我告訴自己：「夠了！不要了！」婚姻只會讓女孩子痛苦。我不要再結婚了。不要了！

我又再次想起莫娜所發生的事情，她也同樣有著不幸的命運。一星期前，我的大姐哈蜜拉出獄了。

當她一進家門，我便抱著她，不敢相信自己還能見到她。

她在牢裡和一些罪犯，還有殺夫的婦人關在一起。不過我們在家裡總是

避免談論這些經歷，以免壞了團聚的氣氛，畢竟，這是我們家長久以來終於盼到的闔家團圓。

只不過，在歡樂之後，隨之而來的是爭論。我的兩個姐姐不久前發生爭吵。莫娜為了救哈蜜拉，只得在那份文件上簽名，但是她沒辦法不生哈蜜拉的氣，她責怪哈蜜拉破壞了她的家庭。她們兩姐妹之間，是再也不能像以前一樣了。可是，這一切都是莫娜丈夫的錯。

有的時候，我告訴自己得找個機會與法赫斯談談，要他答應我在娶妻之後，做個最溫柔的丈夫。

一架飛機飛越過藍天，留下了一道長長的白色痕跡。我看著天上的飛機變得越來越大，看樣子，很快就會在附近的機場降落。這架飛機也許是從法國，或者是巴林㉖飛過來的吧？這兩個國家，哪一個離我們最近呢？我可得

問問莎達。有一天，我也可以飛上天，去到世界的另一端。有人說，一架飛機最少可以載三百個乘客。一位從沙烏地阿拉伯回來的鄰居告訴我，飛機裡就像個大客廳，大家不但可以在裡頭看雜誌，還可以順便點幾盤餐點。他還說，大家在飛機裡可是用貨真價實的刀叉用餐呢。那不就跟「披薩店」一樣嗎？

老師尖銳的聲音，將我的思緒拉回了課堂：

「有誰自願要背《可蘭經》第一章呢？」她對著教室裡的每一位同學說。

我最近已經變得勇敢了，因此我立刻把手舉得高高的，讓所有人都看得見。真奇怪，這是我第一次這麼不經思考地行動，但我不管阿爸會怎麼想，

㉖巴林王國，位於波斯灣西南岸。

也不願再理會別人在背後會如何說我。

我，諾珠，十歲，決定要回答一個問題。而這個決定是出於我自己的意志。

「諾珠，就妳吧！」老師看著我。

我深深的吸一口氣，從座位上起身，挺直了身子，然後開始從記憶中挖掘出去年學習的《可蘭經》內容㉗。

奉至仁至慈的真主之名。

一切頌讚歸真主，眾世界的主。

至仁至慈的主。

報應日的主

我們只崇拜祢，祈求祢佑助。

求祢引領我們正路。祢所佑助者的路，不是受譴怒者的路，也不是迷誤者的路。

教室裡瀰漫著一股肅穆的氣氛。

「很好，諾珠，願真主保佑妳！」老師拍起了手，同時也要同學跟著做。

她接著將眼光移向教室的另一頭，尋找下一個志願者。

我微笑著坐下。

然後我看著身旁四周，忍不住吁了一口氣。

穿著這套綠色、白色的制服，我只不過是這五十個學生的其中一個。我

㉗參考大陸伊斯蘭學者馬堅《可蘭經》譯文。

是國小二年級的學生，與其他數千個葉門小女孩一樣，在今天迎接開學。下午回到家以後，我會有功課要做，還有繪畫得畫。

今天，我終於感覺到自己重新變回一個小女孩了。一個普通的小女孩，就跟以前一樣的小女孩。

尾聲

穿著一襲紫色的美麗長袍，諾珠緊緊牽著莎達的手向大家微笑。她的動作看起來怯生生的，但是眼神充滿了堅定。

「再來一張！」攝影記者們對她喊著。

這是二〇〇八年十一月十日，美國《魅力》女性雜誌於紐約頒發「年度風雲女性獎」的現場一景。

諾珠，這個世界上最年輕的離婚女性，以十歲之姿，與影星妮可基嫚，以及當時的美國國務卿萊斯和參議員希拉蕊共享榮耀！對於這個葉門小女孩而言，從受害者的角色一躍成為現代女英雄，這獎賞實在太大，畢竟她現在只期望回復正常的生活。而這也是她應得的。

諾珠打贏官司的這件事，讓她感到相當驕傲。二〇〇八年六月，也就是她離婚後兩個月，我第一次與她見面。她的自信態度令我印象深刻[28]，彷彿這場了不起的抗爭令她一下子長大，同時也帶走了她兒童美好的天真。她住在達爾，葉門首都沙那市的郊區。當她在電話那一頭指路，鉅細靡遺地教我如何穿越細塵飛撲的道路迷宮，到她那簡陋的房屋時，她所展現出來的成熟更是讓我驚訝不已。

當我抵達時，她已經在滿是車輛的休息站等我了。她罩著黑色面紗，身邊帶著妹妹哈伊法。「我會在糖果店旁邊等妳。」她事先這麼告訴我。而這句話正洩露出這年紀的小孩所擁有的愛吃特性。

諾珠有著杏仁形狀的雙眼、洋娃娃般的臉龐，以及天使般的微笑。她喜歡吃糖果，夢想著家裡能有一台大電視，她也愛和兄弟姐妹玩捉迷藏。她

的外表看起來就和一般小女孩無異，但是，她的內心思想已經像是個小女人了。這麼不凡的經歷令她成長，也讓她在路上遇見婦人對她說「恭喜」時，能夠微笑以對。

沙那大學女性事務系主任胡辛娜．阿爾卡力告訴我，「諾珠的離婚衝撞了一扇緊閉的大門。」根據她最近主持的研究顯示，在葉門，有超過半數的女孩是在十八歲前結婚㉙。

是的，諾珠的故事帶來了希望的訊息。在這個阿拉伯半島國家，未成

㉘戴樂芬妮．米努依的報導：「十歲的諾珠於葉門離婚」，刊登於二〇〇八年六月二十四日發行之法國《費加洛報》。

㉙〈葉門童婚研究。一個發生於哈塔姆特與哈得達省對抗童婚的標準故事。二〇〇六年，沙那大學〉。根據這份研究，童婚是葉門女孩失學的主要原因。在葉門，百分之七十的女性是文盲。

年女孩的婚姻似乎已成習俗，無可撼動，而諾珠的勇敢作為，正給予了那些微弱的聲音勇氣，起而與丈夫對抗。自從諾珠上了法院之後，另外兩個女孩——九歲的阿娃以及十一歲的琳恩，也採取行動，中止被脅迫的婚姻。在沙烏地阿拉伯，最近也有一份地方報紙披露了一位小女孩要求離婚的案例。這位八歲小女孩的父親在她不知情的狀況下，將她嫁給一個五十多歲的男人，而法院已經準備審理此案，也為鄰近葉門的這個極度傳統的國家，首開了先例。

葉門的女權協會也藉由諾珠的勝利對議會施壓，希望能提高合法婚姻年齡。

或許諾珠本人還無法體會，但是她確確實實打破了禁忌。她離婚的消息已經傳遍世界，亦獲得多家國際媒體爭相報導。事實上，在一些像阿富汗、

埃及、印度、伊朗、巴基斯坦、馬利等國家，普遍存在著讓人遺憾的現象，也就是將童婚視為常態，而眾人也都閉口不談。但是諾珠的故事，打破了這種一直以來的沉默。

不過諾珠令我們感動的地方，也在於她讓我們開始自省。西方國家將同情伊斯蘭女性命運視為主流，但童婚以及家暴卻不是僅存於伊斯蘭世界。根據記述，無論在法國、西班牙或是義大利，在我們的曾祖母那一代，童婚已並非罕事，而年輕婦女受到丈夫虐待的事也時有所見。我們也別忘了，在美國德州，某摩門教派領袖華倫傑夫斯在其組織於二〇〇八年遭破獲之前，更習於主導十四歲女孩的婚禮。

在葉門，「宗教」只是人父將未達青春期的女兒嫁出的因素之一。胡辛娜・阿爾卡力提醒，「貧窮，失學以及當地文化亦促成童婚現象。」家族名

譽、擔心通姦情事、敵對族群清算等，也都是父母所考量的眾多因素。胡辛娜・阿爾卡力亦表示，部落流傳的一句諺語：「娶妻九歲，幸福永遠。」更助長了童婚現象的合理性

問題也在於，大部分的葉門人民認為童婚是習俗，更視它為理所當然。不久前，《葉門時報》總編輯娜迪雅・阿爾撒卡夫告訴我，「最近還有一名九歲的葉門女孩，在嫁給一名沙烏地男人三天後猝逝。女孩父母理當質疑女兒的死因不單純，卻反而向女兒的丈夫道歉，並以七歲的妹妹作為賠償。這彷彿是將自己的女兒視為瑕疵貨品。」

在我們眼裡，諾珠的抗爭值得讚賞，然而，對於保守分子而言，她的行為惹人非議——有極端分子甚至認為諾珠該因觸犯名譽之罪而受到懲罰。

離開了紐約的彩帶以及亮片之後，這位葉門小英雄回歸了現實。可悲的

是，她的日常生活與童話世界實在相去甚遠。

諾珠按照自己的意願返家生活。然而，在我寫下這些文字時，她的未來仍充滿了種種的不確定性。她的哥哥對於她離婚所引起的國際媒體關注，極為不悅，總抱怨著國外電視記者的來回不絕。而在眾多前去採訪的人員當中，某些並非出於人道關懷而為。至於那位同樣飽受媒體關注的前夫，雖獲得了無罪釋放，但諾珠家庭已與他斷絕往來，而他也已經不知去向了。

至於莎達，她也無法倖免於威脅。欲毀謗她的人，指責她向國際散佈葉門的負面形象。但是在此同時，非官方組織團體亦致力於喚起鄉村人民對於童婚問題的重視。就目前為止，英國樂施會[30]在此範疇著力甚深。為了避

---

[30] Oxfam是國際發展及救援的非政府組織，一九四二年於英國牛津成立。其宗旨為：跨越種族、性別、宗教和政治的界線，與貧窮人一起面對貧窮和苦難，讓所有人都得到尊重與關懷，享有食物、居所、就業機會、教育及醫療衛生等基本權利，在持續發展中建設一個公平的世界。

開敏感問題，並更有效地喚起覺知，該會以「對童婚問題的重視」為主旨，在葉門南部舉辦了一場座談會。會中以「婚姻可行年齡」代替「婚姻合法年齡」一詞，同時強調童婚所帶來的風險，比如：心理創傷、生產死亡率增高、輟學。

然而，對樂施會而言，這任務頗為艱鉅。「我們有好幾位人員在工作時，受到當地長老指控其對伊斯蘭不敬，並散播西方不潔思想，違反了伊斯蘭律法。」一位計畫負責人員蘇哈巴罕坦言。因此，通往光明未來的道路，仍舊崎嶇漫長……

諾珠所生活的這個社區，陽光不如紐約燦爛。而在沙那，那些長袍禮服永遠是櫥窗後的夢想。諾珠的家沒有暖氣應付寒冷的冬天，而每天早上，她一樣得出門買麵包作為一家人的早餐。諾珠的父親仍在失業中，當家裡沒有

足夠的錢吃飯或付房租時，諾珠的弟弟妹妹便繼續在街上乞討幾枚零錢。

儘管阻礙重重，這個年紀極小的離婚女性仍舊重返校園。而這本書的版權費，將是她用來支付學費以成為律師，或者是蓋一間溫暖房子的來源。每一回我去到沙那時，她都會向我要彩色筆當禮物。我總會看見她蹲在簡陋的客廳地上作畫，畫的也永遠都是有許多窗戶的彩色房屋。有一天，我問她畫的究竟是住家、學校，還是寄宿學校？她咧著嘴，用一個大大的微笑回答我：「這是幸福之家。住在裡面的是幸福的小女孩。」

戴樂芬妮・米努依

於二〇〇九年一月

國家圖書館預行編目資料

我十歲，離婚／諾珠・阿里（Nojoud Ali）& 戴樂芬妮・米努依（Delphine Minoui）著;黃琪雯譯. --初版. --臺北市:寶瓶文化, 2010. 06面； 公分. --(Vision；087)
譯自：Moi Nojoud, 10 ans, divorcée
ISBN 978-986-6249-09-9（平裝）
1. 阿里（Ali, Nojoud）2. 婚姻 3. 兒童 4. 社會生活 5. 葉門
544.3093597 99008642

Vision 087

我十歲，離婚

作者／諾珠・阿里（Nojoud Ali）& 戴樂芬妮・米努依（Delphine Minoui）
譯者／黃琪雯
外文主編／簡伊玲

發行人／張寶琴
社長兼總編輯／朱亞君
主編／簡伊玲・張純玲
編輯／施怡年
美術主編／林慧雯
校對／施怡年・陳佩伶・余素維
企劃副理／蘇靜玲
業務經理／盧金城
財務主任／歐素琪　業務助理／林裕翔
出版者／寶瓶文化事業有限公司
地址／台北市110信義區基隆路一段180號8樓
電話／(02) 27494988　傳真／(02) 27495072
郵政劃撥／19446403　寶瓶文化事業有限公司
印刷廠／世和印製企業有限公司
總經銷／大和書報圖書股份有限公司　電話／(02) 89902588
地址／台北縣五股工業區五工五路2號　傳真／(02) 22997900
E-mail／aquarius@udngroup.com

法律顧問／理律法律事務所陳長文律師、蔣大中律師
如有破損或裝訂錯誤，請寄回本公司更換
著作完成日期／二〇〇九年
初版一刷日期／二〇一〇年六月九日
初版八刷日期／二〇一〇年十二月十日
ISBN／978-986-6249-09-9
定價／二六〇元

AQUARIUS 寶瓶 文化事業

愛書人卡

感謝您熱心的為我們填寫，
對您的意見，我們會認真的加以參考，
希望寶瓶文化推出的每一本書，都能得到您的肯定與永遠的支持。

系列：Vision087　書名：我十歲，離婚

1. 姓名：________ 性別：□男 □女

2. 生日：____年____月____日

3. 教育程度：□大學以上 □大學 □專科 □高中、高職 □高中職以下

4. 職業：________

5. 聯絡地址：________________
   聯絡電話：________ 手機：________

6. E-mail信箱：________________
   □同意 □不同意 免費獲得寶瓶文化叢書訊息

7. 購買日期：____ 年 ____ 月 ____日

8. 您得知本書的管道：□報紙／雜誌 □電視／電台 □親友介紹 □逛書店 □網路 □傳單／海報 □廣告 □其他

9. 您在哪裡買到本書：□書店，店名________ □劃撥 □現場活動 □贈書 □網路購書，網站名稱：________ □其他________

10. 對本書的建議：（請填代號 1. 滿意 2. 尚可 3. 再改進，請提供意見）
    內容：________
    封面：________
    編排：________
    其他：________
    綜合意見：________________

11. 希望我們未來出版哪一類的書籍：________________

讓文字與書寫的聲音大鳴大放

寶瓶文化事業有限公司

（請沿此虛線剪下）

證北台字15345號
免貼郵票

寶瓶文化事業有限公司　收

110台北市信義區基隆路一段180號8樓
8F,180 KEELUNG RD.,SEC.1,
TAIPEI.(110)TAIWAN R.O.C.

（請沿虛線對折後寄回，謝謝）